本书为重庆市教育科学"十三五"规划2020年度重点课题
"新时代中国高等教育评估制度现代化路径研究"
(课题批准号：2020-00-056)研究成果

高等教育全方位协同评估机制创新研究

董小平 ● 著

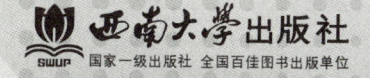

西南大学出版社
国家一级出版社 全国百佳图书出版单位

图书在版编目(CIP)数据

高等教育全方位协同评估机制创新研究 / 董小平著. -- 重庆：西南大学出版社，2022.11
ISBN 978-7-5697-1684-9

Ⅰ.①高… Ⅱ.①董… Ⅲ.①高等教育—教育评估—研究—中国 Ⅳ.①G649.2

中国版本图书馆CIP数据核字(2022)第198698号

高等教育全方位协同评估机制创新研究
GAODENG JIAOYU QUANFANGWEI XIETONG PINGGU JIZHI CHUANGXIN YANJIU

董小平　著

| 责任编辑：杜珍辉 |
| 责任校对：张　丽 |
| 装帧设计：观止堂_未氓 |
| 排　　版：杜霖森 |
| 出版发行：西南大学出版社 |
| 　　　　　地址：重庆市北碚区天生路2号 |
| 　　　　　邮编：400715 |
| 印　　刷：重庆市国丰印务有限责任公司 |
| 幅面尺寸：170 mm×240 mm |
| 印　　张：12.25 |
| 字　　数：250千字 |
| 版　　次：2022年11月第1版 |
| 印　　次：2022年11月第1次印刷 |
| 书　　号：ISBN 978-7-5697-1684-9 |
| 定　　价：65.00元 |

前 言

高等教育协同评估机制是高等教育评估实践现代化的核心内容。从我国新时期教育领域管办评分离改革和教育评价改革视域出发，考察我国高等教育评估实践，创构政府类、学校类、社会类主体群体参与的高等教育全方位协同评估机制，对深化高等教育体制机制改革尤其是教育评价改革、丰富具有中国特色的高等教育评估理论，具有重要的价值。

本书研究的基本思路是从高等教育全方位协同评估机制本体分析出发，以高等教育全方位协同评估机制的核心要素及其逻辑关系为基本线索，考察国际高等教育评估经验和我国高等教育评估机制现状，借鉴协同和全面质量管理思想，运用田野考察、思辨演绎等研究方法，揭示多类主体群体评估高等教育的评估效用、评估主体、评估范畴、评估模式等全方位协同面临的问题及创新路径。

本书研究的具体内容包括下列六个部分：

引言。揭示高等教育协同评估机制创新的背景与意义、相关研究现状，提出本书研究的问题与内容、思路与方法等。

高等教育全方位协同评估机制本体分析。理解高等教育全方位协同评估机制需要借鉴协同和全面质量管理理念，围绕"为何评""谁来评""评什么""怎么评"等基本问题，理顺高等教育全方位协同评估机制的逻辑结构。

高等教育全方位评估效用协同。高等教育评估效用协同的本质是多类主体群体评估效用区的协同。我国多类主体群体评估效用协同面临结构性缺位、内卷性耗损、偏移性错位、他律性束缚、低位性发力、片面性布局等问题。要实现我国高等教育评估效用协同，就需统筹评估效能愿景专有与联结，创构评估效用协调共享机制，实现各类主体群体评估效用返璞。

高等教育评估主体共同体创建。高等教育协同评估机制需创构具有自然的统一联系、社会的交互联系、精神的集体意志的多类主体群体共同体。我国高等教育评估主体体系面临体制共同体不显、机制共同体不畅、精神共同体缺位等挑战。要创构我国高等教育评估主体共同体，就需要回归自然的评估主体——原始共同体，创构协同的评估主体——机制共同体，创构和合的评估主体——精神共同体。

高等教育全方位评估范畴整合。高等教育评估要从多类主体群体的身份角色出发，区划并整合各类主体群体的评估范畴。我国高等教育多类主体群体评估范畴面临偏泛与缺统、缺位与离散、虚化与偏移、分裂与冲突等问题。要整合我国高等教育多类主体群体评估范畴，就需要实现评估范畴区划价值导向，评估范畴内部与外部价值共联，评估范畴反思实践与群体信念，评估范畴思维自觉与思维共享，评估范畴实践和合与秩序共治。

高等教育全方位评估模式协和。评估模式协和要求多类主体群体评估实作过程和谐融洽与统合。我国高等教育多类主体群体评估模式面临评估问题无序化、方法手段孤立化、资源技术孤岛化、实作过程自在化等问题。要实现多类主体群体高等教育评估模式协和，就需要树立多元评估模式和合理念，实现评估问题结构整合、评估方法手段和合共生、评估资源技术共建共享、实作过程有效联动。

目　录

第一章
引言 ……………………………………………………………………1
　　第一节　研究对象 ……………………………………………………1
　　第二节　研究背景 ……………………………………………………2
　　第三节　研究意义 ……………………………………………………6
　　第四节　研究现状 ……………………………………………………7

第二章
高等教育全方位协同评估机制本体分析 ………………………………23
　　第一节　协同评估的意蕴 ……………………………………………23
　　第二节　全方位协同评估的意蕴 ……………………………………25

第三章
高等教育全方位评估效用协同 …………………………………………31
　　第一节　高等教育评估效用协同的意蕴 ……………………………31
　　第二节　国际高等教育评估效用实践 ………………………………36
　　第三节　我国高等教育评估效用结构 ………………………………40
　　第四节　我国高等教育评估效用面临的问题 ………………………44
　　第五节　我国高等教育评估效用协同路径 …………………………57

第四章
高等教育评估主体共同体创建 …………………………………………63
　　第一节　高等教育评估主体共同体意蕴 ……………………………63
　　第二节　国际高等教育评估主体结构 ………………………………68

第三节　我国高等教育评估主体发展沿革 ····················· 73
第四节　我国高等教育评估主体共同体发展问题 ············· 79
第五节　我国高等教育评估主体共同体创建策略 ············· 88

第五章
高等教育全方位评估范畴整合 ····························· 99
第一节　高等教育评估范畴整合的意蕴 ····················· 99
第二节　国际高等教育评估范畴架构 ······················· 101
第三节　我国高等教育评估范畴构成 ······················· 107
第四节　我国高等教育评估范畴面临的问题 ················· 117
第五节　整合我国高等教育评估范畴的路径 ················· 125

第六章
高等教育全方位评估模式协和 ····························· 141
第一节　高等教育评估模式协和的意蕴 ····················· 141
第二节　国际高等教育评估模式发展状态 ··················· 144
第三节　我国高等教育评估模式实践现状 ··················· 151
第四节　我国高等教育评估模式面临的问题 ················· 156
第五节　我国高等教育评估模式协和路径 ··················· 167

结束语 ··· 183
补充文献 ··· 185
后记 ··· 187

第一章 引言

第一节 研究对象

本书聚焦研究者在部分省市承担政府委托和学校委托的大量高等教育评估项目、开展各级各类高等教育评估课题研究、参与各级教育行政部门深化教育体制机制改革和"放管服"改革调研及其政策研讨的过程中，发现的高等教育评估体制机制漏洞和制度短板问题，以教育领域"放管服"改革和评价改革视域中中国高等教育评估机制改革实践为场域，探索高等教育领域政府类、学校类、社会类主体群体全方位协同评估机制。其中，"教育领域'放管服'改革"主要指中共中央办公厅、国务院办公厅于2017年颁布《关于深化教育体制机制改革的意见》提出的"深化简政放权、放管结合、优化服务改革，把该放的权力坚决放下去，把该管的事项切实管住管好，加强事中事后监管，构建政府、学校、社会之间的新型关系"；全方位协同评估机制则是指政府类、学校类、社会类主体群体形成评估共同体，突破各类主体群体间的壁垒，释放各类主体群体活力，发挥各类主体群体资源与能力优势，在评估效用、评估组织、评估范畴和评估模式等方面进行全面统筹规划，有效分工合作，实现和合共生。

第二节 研究背景

探究高等教育协同评估机制创新主要源自高等教育政策和实践变革的需要，以及理论创新的诉求。

一、政策背景：高等教育体制机制政策发生重大变革

本书的研究内容是基于贯彻落实国家建立多元评价体系，推进管办评分离和评价改革需要提出的。2011年，教育部发布《教育部关于普通高等学校本科教学评估工作的意见》（教高〔2011〕9号），提出"建立健全以学校自我评估为基础，以院校评估、专业认证及评估、国际评估和教学基本状态数据常态监测为主要内容，政府、学校、专门机构和社会多元评价相结合，与中国特色现代高等教育体系相适应的教学评估制度"。2015年，教育部印发《教育部关于深入推进教育管办评分离促进政府职能转变的若干意见》（教政法〔2015〕5号），提出"以推进科学、规范的教育评价为突破口，建立健全政府、学校、专业机构和社会组织等多元参与的教育评价体系。到2020年，基本形成政府依法管理、学校依法自主办学、社会各界依法参与和监督的教育公共治理新格局"。2017年，教育部、中央编办、发展改革委、财政部、人力资源社会保障部等五部门联合发文《关于深化高等教育领域简政放权放管结合优化服务改革的若干意见》（教政法〔2017〕7号），明确提出"要深入推进管办评分离，切实履行监管职责。创新监管方式和手段，通过完善信用机制、'双随机'抽查、行政执法、督导、巡视、第三方评估等加强事中事后监管"。同年，中共中央办公厅、国务院办公厅印发《关于深化教育体制机制改革的意见》，提出要健全促进高等教育内涵发展的体制机制，并从创新人才培养机制、深化科研体制改革、完善依法自主办学机制、改进高等教育管理方式等四个方面，进一步深化简政放权、放管结合、优化服务改革，推动高校内部改革，强化政府部门事中事后监管力度，构建政府、高校和社会之间的新型关系。2017年，教育部印发《教育部关于"十三五"时期高等学校设置工作的意见》（教发〔2017〕3号），其中指出"各地要结合国家高等教育分类体系框架和本地区高等教育事业发展实际，因地制宜地构建符合本地省（区、市）情和发展需要的高等教育分类体

系,积极探索建立不同类型高等学校的拨款标准、质量评估、人事管理、监测评价等管理制度"。

2018年,教育部印发《教育部关于加快建设高水平本科教育全面提高人才培养能力的意见》(教高〔2018〕2号),提出"进一步转变政府职能,推进管办评分离,构建以高等学校内部质量保障为基础,教育行政部门为引导,学术组织、行业部门和社会机构共同参与的高等教育质量保障体系";2020年,中共中央国务院印发《深化新时代教育评价改革总体方案》,提出"构建政府、学校、社会等多元参与的评价体系,建立健全教育督导部门统一负责的教育评估监测机制,发挥专业机构和社会组织作用"。

高等教育领域的政府管理方式、学校自主办学环境、服务社会要求等政策的深刻变革,必然需要重塑政府、学校和社会与教育的关系。评估是政府监管、学校自主办学和社会参与教育的共同手段,如何在政府类、学校类、社会类主体群体之间建立与之相适应的新型评估关系,发挥政府类、学校类、社会类主体群体适切的评估角色和功能,形成有助于政府有效监管、学校自主办学、社会融合生产的评估机制,也就成为高等教育体制机制政策变革亟待解决的深层问题。

二、实践背景:传统高等教育评估实践模式机制不适

我国过去的高等教育评估实践历程塑造了高等教育评估实践的政府部门主控文化。具体表现在:一是从1985年6月在黑龙江省镜泊湖召开高等工程教育评估专题讨论会,到1989年12月在郑州召开全国高等教育评估工作会议,高等教育评估的试点都是由政府部门发起和主导的。其间,在国家原教委主导下,通过召开研讨会、出版评估著作、组织国外考察和召开国际研讨会、设立评估专项课题和专刊、推进学校评估和专业评估试点工作等,探索了高等教育评估实践。二是从1990年10月国家原教委正式颁布《普通高等学校教育评估暂行规定》,到2002年教育部办公厅发布《普通高等学校本科教学工作水平评估方案(试行)》,高等教育评估的持续发展仍由政府部门主导和推动。其间,在教育部的积极推动下,通过出台评估法规性文件,成立高等教育评估研究协作组,设立系列课题,考察国外高等教育评估,举办全国或国际高等教育评估学术会议,成立全国高等学校设置评估委员会,举办中美高等教育评估讲习班,对普通

高校实施本科教学工作合格评估、优秀评估和随机性水平评估等,进一步丰富和发展了高等教育评估实践。三是从2004年教育部《2003—2007年教育振兴行动计划》提出普通高等学校教学工作水平评估"五年一轮"的评估制度,到2011年10月教育部出台《关于普通高等学校本科教学评估工作的意见》前,高等教育评估的制度化还由政府部门主导和推动。其间,教育部建立了高等学校教学工作"五年一轮"评估制度,并成立国家层面的评估专业机构(教育部高等教育教学评估中心),实施高等工程教育专业认证、推进本科教学工作水平评估,实施高职院校人才培养工作评估、研究生院评估、博士和硕士学位授权点基本条件合格评估等,提升了高等教育评估的制度化和规范化水平。四是从2011年教育部出台《关于普通高等学校本科教学评估工作的意见》至今,高等教育评估的制度创新仍由政府部门发起和主导。其间,确立了中央和省级政府两级分工明确、各负其责的本科教学评估工作制度,形成了以高校自我评估为基础,以院校评估、专业认证及评估、国际评估和教学基本状态数据常态监测为主要内容的"五位一体"教学评估制度,具体开展教学基本状态数据常态监测、高校自我评估、院校评估(新建本科院校合格评估以及通过水平评估或合格评估院校的审核评估)、工程教育和医学教育专业认证及评估、国际评估等工作。

　　高等教育评估实践的政府部门主控文化难以有效适应新时代高等教育评估实践要求。政府主控型高等教育评估实践作为过去高等教育管理体制机制的产物,其评估方式被赋予了政府管理手段的烙印,在此环境中形成的评估实践模式及其工作机制也主要适应政府主控的评估实践,高校自主和社会主动评估高等教育的意识和理念、模式和方法,以及在评估事务上如何处理政府类、学校类、社会类主体群体之间的共在关系等,在实践中并未得到有效探索。因此,新时代中国高等教育评估实践要以推进科学、规范的教育评价为突破口,建立健全政府、学校、专业机构和社会组织等多元参与的教育评价体系。要基本形成政府依法管理、学校依法自主办学、社会各界依法参与和监督的教育公共治理新格局,就面临着发展政府类、学校类、社会类主体群体协同开展高等教育评估的新型实践文化,构建政府类、学校类、社会类主体群体协同评估高等教育的新型实践模式与机制等问题。

三、理论背景：新时代中国高等教育评估理论发展诉求

我国高等教育评估理论研究得到了极大丰富和发展。从新中国成立以来高等教育评估理论发展沿革来看，我国高等教育评估理论发展形式主要有三类：一是介绍和分析国外高等教育评估理论。其中，以《欧洲地区高等教育质量保障体系研究》《北美地区高等教育质量保障体系研究》《亚太地区高等教育质量保障体系研究》《国际高等教育质量保障体系新视野》等为代表，系统而详细地介绍了各个代表性国家高等教育评估发展沿革及其典型实践经验或主张；同时也有不少学者根据主观兴趣从局部或个案视角介绍和分析代表性国家的高等教育评估实践与理论。这类国外高等教育评估实践和理论研究为中国发展中国特色高等教育评估理论提供了重要参考和启发。二是从我国高等教育评估工作实践出发形成本土评估理论。其中，以教育部原高等教育教学评估中心（现已更名为教育部教育质量评估中心）组织编写的《普通高等学校本科教学工作审核评估工作指南》，上海市教育评估院组织编写的《高等教育绩效评估研究》《教育评估标准汇编》，高等职业院校人才培养工作评估研究课题组编写的《高等职业院校人才培养工作评估：实务与点评》《高等职业院校人才培养工作评估解读与问答》等为代表，详细介绍和总结了专项评估工作实践的经验和理论。三是从自由学术研究视角丰富发展高等教育评估理论。其中，以史秋衡和余舰等的《高等教育评估》、张德才和陈虹岩的《比较与借鉴：中外高等教育评估体系研究》等为代表，针对高等教育评估实践与理论中的重要问题进行深层次探讨。

新时代高等教育评估实践需要新评估理论的指导。从我国高等教育评估理论发展现状来看，大批学者在高等教育评估理论方面的重要贡献为中国当前高等教育评估新实践提供了重要的思想智慧，为进一步发展中国特色高等教育评估理论奠定了坚实基础。但同时也不难看到，面对我国政府类、学校类、社会类主体群体共同参与的高等教育评估新实践，现有的评估理论及其体系仍然难以在系统性和针对性方面有效指导政府类、学校类、社会类主体群体形成全面的协同评估实践机制，这就需要中国高等教育评估研究在这场高等教育评估体制机制变革实践中创新评估理论，创新具有时代烙印的中国特色高等教育评估理论。

第三节　研究意义

本书所包含的研究内容在服务高等教育变革实践和丰富高等教育评估理论方面都具有重要意义。

一、服务高等教育体制机制改革尤其是教育评价改革实践

高等教育评估机制改革实践创新是当前中国高等教育体制机制改革实践的重要组成部分。本书的研究内容立足"放管服"改革背景下中国高等教育评估体制机制改革实践和教育评价改革实践，探索在高等教育领域建立政府类、学校类、社会类主体群体新型协同评估关系，构建符合新时代要求的高等教育全方位协同评估的评估效用体系、评估组织体系、评估范畴体系和评估模式体系等，其能为高等教育评估领域深化简政放权、放管结合、优化服务改革，加强事中事后监管，构建政府、高校、社会之间的新型关系的实践，以及落实《深化新时代教育评价改革总体方案》的实践提供智力支持。

二、丰富具有中国特色和时代特征的高等教育评估理论

纵观人类思想史或知识进化史，独特的实践需要特定的理论来指导，而特定的理论也需要独特的实践来孕育。同样，当前高等教育体制机制改革尤其是"放管服"改革背景下进行的高等教育评估机制创新实践，既需要适应时代和实践要求的高等教育评估理论来指导，也是孕育具有中国特色和时代特征的高等教育评估理论的重要场域。因此，本书从中国高等教育体制机制改革尤其"放管服"改革以及深化新时代教育评价改革实践场域出发，吸纳政府类、学校类、社会类主体群体开展高等教育评估的既有研究成果，探讨我国高等教育在评估效用、评估主体、评估范畴和评估模式等方面全方位协同评估的理论和策略，其也必然带来具有中国特色和时代特征的高等教育评估理论的丰富和发展。

第四节 研究现状

以 CNKI 中国学术期刊全文数据库、万方数据库等为文献检索资源库,以"高等教育评估"为主题,时间跨度为 1985 年 1 月 1 日至 2021 年 12 月 31 日(截止日期为文献综述分析时间),来源类别为全部期刊,共检索出 1 165 篇相关文献,剔除会议报道、书评、征稿启事、验收报告等相关性较低的文献,共筛选出 1 121 篇相关性文献作为项目研究的数据样本。采用引文可视化分析软件 CiteSpace V5.1.R8 SE(32-bit),时间跨度为 1985—2021 年,时间切片为一年,聚类词为标题(title)、摘要(abstract)、作者关键词[author keywords(DE)]和增补关键词[keywords plus(ID)],节点类型分别选择 keyword 与 Institution,其他设置为默认项。

一、研究数量发展趋势

在 1985—2021 年,关于高等教育评估的论文数量总体呈现上升趋势(见图 1-1)。在 2005—2010 年,出现一个增长峰,这与高等教育评估实践的发展趋势一致。2004 年 8 月,教育部高等教育教学评估中心正式成立。教育实践中的重视必然会引起理论界的高度关注。

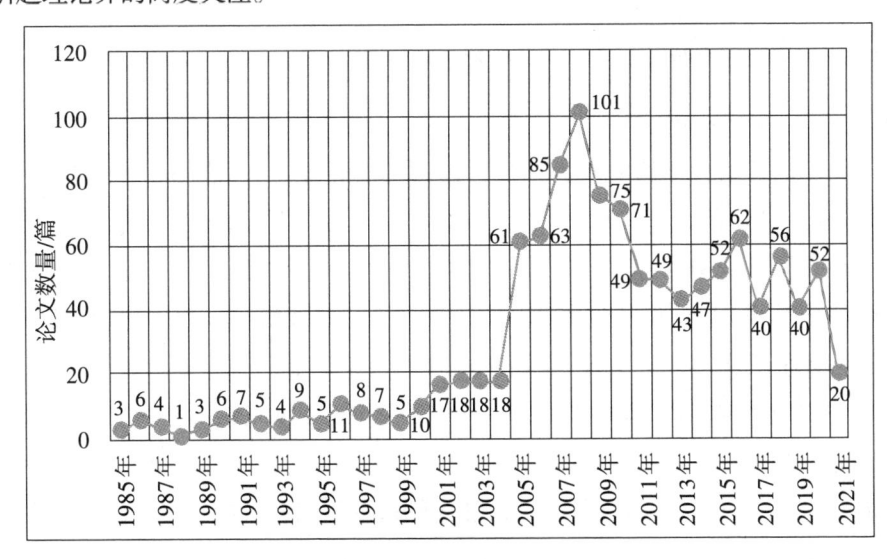

图 1-1 高等教育评估研究的论文数量发展趋势

(一)关键词共现知识图谱分析

关键词共现知识图谱分析表明,学者们对高等教育评估的研究以"高等教育""高等教育评估""教育评估"为中心向周围扩散,主要集中在对"评估""评估制度""高等教育评估制度""教学评估""国别评估"(美国/中国/英国/法国)等方面的研究上,具体表现在对"评估主体""高等教育评估机构""评估模式""评估体系""本科教学评估/高校评估"等内容的深入研究,而关于"评估主体""评估模式""评估体系"等内容的研究恰恰则是本书研究的聚焦点。关键词前十位统计结果见表1-1。

表1-1 关键词前十位统计

序号	关键词	频次	中心性	首次出现年份
1	高等教育	270	0.29	1996年
2	高等教育评估	200	0.46	2002年
3	教育评估	186	0.44	1986年
4	评估	123	0.16	1996年
5	教育评价	64	0.06	1986年
6	评估制度	47	0.10	2001年
7	美国	30	0.05	2001年
8	高等教育评估制度	38	0.10	1986年
9	教学评估	28	0.09	2006年
10	评估体系	24	0.01	2006年

(二)聚类知识图谱分析

关于高等教育评估的聚类知识图谱研究主要分为"评估""高等教育评估""学术年会""教育部""高等教育评估机构""评估主体""元评估"七大类,每类研究则在不同年份中都有对高等教育评估的研究。按照"评估""高等教育评估"进行的聚类,侧重于不同教育阶段的评估理论与实践研究。其中"教育部""高等教育评估机构""评估主体"是关于高等教育评估中评估主体的具体研究,如20世纪80年代末学校作为评估主体开展的评估、21世纪初的教育行政组织和现在的高等教育评估中介组织开展的评估,评估机构越来越多,评估主体由单一走向多元。随着高等教育评估实践的开展,近年来出现的关于"元评估"的研究则是对评估本身进行的反思和研究。

二、研究内容分析

结合目前期刊论文的可视化分析结果、代表性著作以及可获得的部分相关外文文献,针对高等教育评估机制中存在的问题,诸多研究者已围绕"谁来评""评什么""如何评""怎么用"等问题进行了广泛探讨。其代表性观点及研究趋势如下。

(一)谁来评:从强调单一主体主控走向主张多类主体协同,从单线集权/分权走向多面多层授权

在早期阶段,研究者根据各国高等教育及其评估实践历史渊源,倾向于探讨政府、学校(联合体)、专业评估机构(质量保障机构)、社会组织等质量保障主体中单一主体独立开展高等教育评估的实务[1]。随着高等教育及其评估事业的发展,研究者对政府、高校、专业机构或组织(行业协会)、其他利益相关者等多类主体应同为高等教育评估主体基本取得共识[2][3],主张应实现评估主体多元化[4],认为评估组织可以弥补政府单一主体评估的一些弊端[5],并鼓励专业性评估机构发挥第三方评估功能[6]。高等教育评估的主体类别与高等教育产品生产和消费过程中所涉及的利益相关者类型紧密相关[7]。基于高等教育质量评估是一种价值判断活动的本质,社会、政府部门以及办学机构不仅是价值主体,也应作为价值判断的评估主体[8]。对合作开展评估也有所探讨[9][10],认为政府应引导

---

[1] 潘爱珍.高等教育评估中的政府行为研究[M].北京:中国水利水电出版社,2010:1-4.

[2] 王战军,孙锐.我国高等教育评估制度演进趋势探析[J].高等教育研究,2000(06):78-81.

[3] 王战军,乔刚,李芬.高等教育质量保障新类型:监测评估[J].高等教育研究,2015(04):39-42,60.

[4] 张继平.高等教育评估政策评价的五大难题[J].学术论坛,2011(09):203-206.

[5] 谭向明.由单一的政府评估向多元化社会评估转变——上海高等教育评估的发展趋势与对策[J].教育发展研究,2003(12):54-56.

[6] 董小平,史秋衡.中国高等教育评估制度现代化:历程、挑战与展望[J].西南大学学报(社会科学版),2021(01):104-111,227.

[7] 孙维胜,董立平,姜传松.高等教育评估主体的价值链分析[J].中国成人教育,2009(05):17-19.

[8] Frackmann E. The role of buffer institutions in higher education[J]. Higher Education Policy,1992(03):14-17.

[9] 董小平,史秋衡.中国高等教育评估制度现代化:历程、挑战与展望[J].西南大学学报(社会科学版),2021(01):104-111,227.

[10] de Boer H F. Walking tightropes in higher education[J]. Higher education policy,1992(3):36-40.

社会中介组织、行业协会等参与评估①。其中,中介组织评估高等教育得到广泛探讨②,如认为评估中介组织创新的关键在于制度创新③,公正性是其存在与发展的基础,评估中介组织应增强自律能力,同时完善评估监督制度④,或是对其模式创新、体系建构进行思考⑤,认为高等教育第三方评估是高校治理在评估领域的具体运用,而高等教育质量第三方评估的实施又促进了高校治理的推进⑥;研究者对其概念进行界定的代表性观点有桥梁纽带说⑦、专门组织说⑧等,其讨论聚焦第三方评估组织与政府、高校、社会等主体的关系,或是从其制度保障⑨、机制建设⑩、政府干预⑪、高校参与⑫、社会认知等外部环境因素,以及组织机构⑬、人员等内部治理层面对其问题进行分析⑭⑮,又或通过与国外评估中介组织对比研究我国评估中介组织评估方式⑯,如对法、美、英等国的质量评估模式进行探讨⑰、

---

① 谭向明.由单一的政府评估向多元化社会评估转变——上海高等教育评估的发展趋势与对策[J].教育发展研究,2003(12):54-56.

② 王冀生.建立教育评估的社会中介组织[J].上海高教研究,1996(05):22-23.

③ 欧金荣.试论中国高等教育评估中介组织的创新[D].武汉:华中师范大学,2003:25.

④ 王静琼.我国高等教育评估中介组织公正性研究[J].现代教育管理,2009(12):30-32.

⑤ 徐安琪,孙阳春.第三方教育评估体系的建构与运行——基于帕森斯结构功能主义的分析[J].教育现代化,2019(87):141-144.

⑥ 漆玲玲.我国高等教育质量第三方评估模式研究[D].武汉:武汉大学,2011:1.

⑦ Berdahl R. Why Examine Buffer Organizations in Higher Education?[J]. Higher Education Policy,1992(03):7.

⑧ 杨晓江.关于教育评估中介机构的界定[J].江苏高教,1998(05):16-19.

⑨ Kells H R. Building a national evaluation system for higher education: Lessons from diverse settings[J]. Higher Education in Europe,1995(1-2):18-26.

⑩ 陈兴明,李璇,郑政捷.我国高等教育第三方评估组织发展现状研究[J].黑龙江高教研究,2018(07):73-78.

⑪ 孔宇航,武超红.我国高等教育第三方评价的问题及潜在风险[J].中国高等教育评估,2017(01):3-6.

⑫ 孔宇航,武超红.我国高等教育第三方评价的问题及潜在风险[J].中国高等教育评估,2017(01):3-6.

⑬ Kells H R. Creating a culture of evaluation and self-regulation in higher education organizations[J]. Total quality management,1995(5-6):457-467.

⑭ 查自力,熊庆年,李威.我国高校信息公开第三方评估机制研究[J].现代大学教育,2016(02):99-105.

⑮ 王静琼.我国高等教育评估中介组织公正性研究[J].现代教育管理,2009(12):30-32.

⑯ Damian R, Grifoll J, Rigbers A. On the role of impact evaluation of quality assurance from the strategic perspective of quality assurance agencies in the European higher education area[J]. Quality in Higher Education,2015(03):251-269.

⑰ 漆玲玲.我国高等教育质量第三方评估模式研究[D].武汉:武汉大学,2011:83-114.

对国际上高等教育外部质量保障趋势展开讨论[1]、对亚太地区高等教育质量保障机构进行分析研究[2]。主张高校内部管理者、教师和学生作为评估主体,倡导开展自我评价、主体间评价、个体对群体工作的评价、群体对个体的评价,但主要方式是主体的自我反思[3]。学生作为评估主体的观点引起广泛关注[4],认为学生参与院校自我评估能够使评估过程以学生为关注焦点,促进教育变革并提供新视角[5]。

关于高等教育评估主体,存在三类典型模式并指导了相应的评估实践:分权取向[6],其评估主要由高校或高校联合体自主发起和实施;集权取向[7],其评估主要由国家或省(州)级政府部门发起和实施,也可由其隶属的专业评估机构组织实施[8];合理授权或折中取向或政府指导取向[9],政府不直接评估高等教育,而由独立的非官方中介组织实施评估[10][11],政府只进行宏观指导[12]。政府的作用应定位于对高等教育评估的宏观调控,致力于推进我国高等教育评估制度体系的现代化[13],间接参与评估活动,高等教育评估活动应由获得认可的评估机构与

---

[1] Billing D. International comparisons and trends in external quality assurance of higher education: Commonality or diversity?[J]. Higher education, 2004(01): 113-137.

[2] Hou A Y. Quality in cross-border higher education and challenges for the internationalization of national quality assurance agencies in the Asia-Pacific region: the Taiwanese experience[J]. Studies in Higher Education, 2014(01): 135-152.

[3] 刘振天.从象征性评估走向真实性评估:高等教育评估制度的反思与重建[J].高等教育研究,2014(02):27-32.

[4] Shevlin M, Banyard P, Davies M, et al. The validity of student evaluation of teaching in higher education: love me, love my lectures?[J]. Assessment & Evaluation in Higher Education, 2000(04): 397-405.

[5] 王小青.从关注质量主体的角度看高等教育质量评估[J].现代教育管理,2010(02):49-51.

[6] 潘爱珍.高等教育评估中的政府行为研究[M].北京:中国水利水电出版社,2010:106-110.

[7] 潘爱珍.高等教育评估中的政府行为研究[M].北京:中国水利水电出版社,2010:106-110.

[8] 施建祥.管办评分离体制下我国高等教育评估转型研究[J].上海教育评估研究,2015(02):1-5.

[9] 肖国芳,杨银付.管办评分离背景下高等教育第三方评估的价值意蕴、实践困境及突破路径[J].高校教育管理,2020(05):49-57.

[10] 孙科技.高等教育第三方评估公信力提升:挑战、国际经验及中国进路[J].湖南师范大学教育科学学报,2021(02):105-113.

[11] 肖国芳,彭术连,朱申敏.组织生态学视角下我国高等教育第三方评估组织发展的困境及超越[J].高教探索,2021(01):5-10.

[12] 潘爱珍.高等教育评估中的政府行为研究[M].北京:中国水利水电出版社,2010:111-112.

[13] 林蕙青.加快形成中国特色高等教育评估制度体系[J].中国高教研究,2020(09):1-3,13.

人员实施[①]。也有研究者对中介组织与政府的关系进行探析,认为评估中介组织在获得政府给予的资源与合法性的同时,要在依附和组织自主发展之间保持适当的张力[②]。

近年来,越来越多的研究者倾向于合理授权取向或折中取向或政府指导取向。在该类观点的指导下,分权国家在不同程度上开始发挥政府的评估职责,集权国家逐渐将评估职权向专业机构、社会组织和办学主体等转移。

(二)评什么:趋向全面关注高校中宏观层面办学能力,注重发起高校不同办学阶段评估项目

研究者探讨的高等教育评估内容以及各国实践可在下列两个维度得到反映:

评估对象维度:院校评估或工作评估[③④]、专业评估(或认证、鉴定)[⑤⑥]、课程评估[⑦⑧]、科研水平评估[⑨⑩⑪]、学科评估[⑫]、学位与研究生教育评估[⑬]等。其中,院校

[①] 王向红.质量保证:政府与高等教育评估机构博弈中的建构[J].高等教育研究学报,2010(04):68-70.

[②] 曹晶,车丽萍.依附式自主:高等教育评价中第三方组织与政府的关系重构[J].中国高教研究,2021(09):59-64.

[③] 梁绿琦.高等教育教学评估研究[M].上海:上海交通大学出版社,2015:2-36.

[④] 高宗泽.加拿大不列颠哥伦比亚省高等教育质量保证过程审核制度及其特点——以对不列颠哥伦比亚大学的审核为例[J].外国教育研究,2020(01):87-102.

[⑤] 雷庆.北美地区高等教育质量保障体系研究[M].北京:北京航空航天大学出版社,2008:129-232.

[⑥] 张志英.高等教育专业评估理论及方法研究[M].北京:中国社会科学出版社,2008:135-152.

[⑦] Akhmetshin E M, Mueller J E, Yumashev A V, et al. Acquisition of entrepreneurial skills and competences: Curriculum development and evaluation for higher education[J]. Journal of Entrepreneurship Education, 2019(01):1-12.

[⑧] Leathwood C, Phillips D. Developing curriculum evaluation research in higher education: Process, politics and practicalities[J]. Higher Education, 2000(03):313-330.

[⑨] Kuenssberg S. The origins, operation and impacts of quality assurance in UK higher education, 1985—2004[D]. Glasgow: University of Glasgow, 2015.

[⑩] Broadbent J. The UK research assessment exercise: performance measurement and resource allocation[J]. Australian Accounting Review, 2010(01):14-23.

[⑪] 张德才,陈虹岩.比较与借鉴:中外高等教育评估体系研究[M].哈尔滨:哈尔滨工程大学出版社,2008:63-66.

[⑫] 王战军,孙锐.我国高等教育评估制度演进趋势探析[J].高等教育研究,2000(06):78-81.

[⑬] 王战军,孙锐.我国高等教育评估制度演进趋势探析[J].高等教育研究,2000(06):78-81.

评估或工作评估对高校整体水平和综合办学能力进行基本评估;专业评估(或认证、鉴定)根据专业(职业)人才基本质量要求对具体专业人才培养进行评估,其中工程教育专业认证研究[1][2]、师范类专业认证研究[3]较多;课程评估强调课程提供者开设的课程及其授课资源与条件等符合一定标准;科研水平评估主要保证高校在研究和教学的学术职责上达到既定质量标准;学科评估关注学科发展水平[4],现有研究除倾向于指标体系探析外,越来越多的研究者将学科评估与"双一流"建设结合起来,主张开展服务于我国世界一流学科建设的学科评估,要恪守去利益化、去行政化、去功利化三大原则[5],主张推动建立分类遴选机制、引入市场竞争机制、完善社会参与机制、创新学科交叉机制[6];学位与研究生教育评估主要加强学位授权审核,确保学位授予质量。此外大学排名评估[7][8]、高校绩效评估[9]、效率评估[10],甚至由以上方面评估而引起的二级学院方面的管理评估等[11],也在不同程度上成为研究热点并广受关注。在对大学进行排名的研究中,以中外大学排名对比研究居多[12][13],如对THE(泰晤士高等教育)、QS(夸夸

---

[1] 韩晓燕,张彦通.工程教育专业认证制度及其对工程教育的影响[J].大学(研究与评价),2008(01):86-89.

[2] 李志义.对我国工程教育专业认证十年的回顾与反思之二:我们应该防止和摒弃什么[J].中国大学教学,2017(01):8-14.

[3] 张松祥.我国师范专业认证需要关注的若干问题及其对策研究[J].教育发展研究,2017(Z2):38-44.

[4] García-Aracil A, Palomares-Montero D. Examining benchmark indicator systems for the evaluation of higher education institutions[J]. Higher Education,2010(02):217-234.

[5] 翟亚军,王晴."双一流"建设语境下的学科评估再造[J].清华大学教育研究,2017(06):45-51.

[6] 张继平,覃琳.学科评估服务"双一流"建设:理念、目的与机制[J].研究生教育研究,2018(02):67-71.

[7] Lynch K. Control by numbers: New managerialism and ranking in higher education[J]. Critical Studies in Education, 2015(02):190-207.

[8] 史秋衡,余舰,等.高等教育评估[M].贵阳:贵州教育出版社,2004:136-198.

[9] Dougherty K J, Jones S M, Lahr H, et al. Performance funding for higher education: Forms, origins, impacts, and futures[J].The ANNALS of the American Academy of Political and Social Science,2014(01):163-184.

[10] 李祥云.我国高等学校投入产出的效率评估[J].高等教育研究,2011(05):49-55.

[11] 林江,甘若谷,韦明婵,等.论高等教育评估认证制度下二级学院管理制度的建设[J].广西中医药大学学报,2018(04):159-162.

[12] Charon A, Wauters J-P. University ranking: a new tool for the evaluation of higher education in Europe[J]. Nephrology Dialysis Transplantation,2008(01):62-64.

[13] 张彦通.欧洲地区高等教育质量保障体系研究[M].北京:北京航空航天大学出版社,2007:12-15.

雷利·西蒙兹咨询公司)和 U.S.News(《美国新闻与世界报道》)等世界大学排名体系指标设计进行分析,认为应以科学态度谨慎看待排名[1],并提出优化我国大学排名指标体系的建议[2];我国大学排名的公信力问题也引发了研究者思考[3][4]。高校绩效评估中,教师绩效评估[5]、科研工作绩效评估[6][7]、科研效率评估[8]等获得探讨。此外,大学生就业调查、雇主评价等作为高等教育结果评估的重要组成部分也被探讨[9]。

  评估阶段维度:设置评估(或设置标准)[10]、合格(鉴定)评估[11][12]、水平评估或选优评估[13]、审核评估[14]。其中,设置评估(或设置标准)主要在高校或专业建设初期进行,强调政府规定的"门槛"标准;合格(鉴定)评估通常在首次参评的高校或专业中进行,强调达到基本质量要求,注重合格评估方案解析[15][16],如对41所参与合格评估的新建本科院校评估结果进行量化分析,提出新建院校应高度重视内涵发展和质量建设、探索多样化的人才培养模式、加强人力资源和物质

---

[1] 郭丛斌,张优良,傅翰文.世界大学排名指标体系的合理性分析——基于THE、QS和US News大学排名的比较研究[J].教育评论,2018(12):8-13,146.
[2] 李文兵,沈红.德国CHE大学排名的特点及对我国的启示[J].比较教育研究,2006(04):30-34.
[3] 韩留杰.我国大学排行榜中综合排名的公信力研究[D].重庆:西南大学,2011:18-36.
[4] 胡秀银.我国大学排名公信力研究[D].长沙:湖南大学,2017:38-68.
[5] 戴者华,师淑云.加拿大高校教师绩效评估和激励制度简介[J].南通大学学报(教育科学版),2007(03):44-46.
[6] 吴伟.绩效评估——高校科研管理工作的重要手段[J].东南大学学报(哲学社会科学版),2008(03):114-117,128.
[7] 阚阅.当代英国高等教育绩效评估研究[M].北京:高等教育出版社,2010:133-158.
[8] 胡咏梅,范文凤."211工程"高校科研生产效率评估:基于DEA方法的经验研究[J].重庆高教研究,2014(03):1-14.
[9] 王红.治理视域下大学分类和高等教育评估嬗变[J].国家教育行政学院学报,2021(05):80-86.
[10] 史秋衡.国家高校分类体系及其设置标准实证研究[M].北京:科学出版社,2016:80-98.
[11] 吴岩.构建中国特色高等教育质量保障体系[M].北京:教育科学出版社,2014:93-102.
[12] 梁绿琦.高等教育教学评估研究[M].上海:上海交通大学出版社,2015:160-186.
[13] 吴岩.构建中国特色高等教育质量保障体系[M].北京:教育科学出版社,2014:22-24.
[14] 施建祥.管办评分离体制下我国高等教育评估转型研究[J].上海教育评估研究,2015(04):1-5.
[15] 陈东冬,李志宏.新建本科学校教学工作合格评估方案的新特点[J].中国高等教育,2012(Z2):35-37.
[16] 屈广清,吴国平,刘向红.新评估方案下新建本科高校合格评估的动向与难点[J].福建江夏学院学报,2014(02):109-118.

资源建设、探索内部体制机制创新等建议[1];水平评估或选优评估主要在具有一定办学历史的高校或专业中进行,判断办学质量水平高低,研究主要涉及指标体系及实践中有关问题的思考[2][3],如认为评估指标应从模糊转向精确[4],提出了被评高校在迎评促建过程中应注意的问题[5];审核评估主要在办学历史长的高校或专业中进行,强调实现自定目标或质量标准的程度,认为审核评估在其评估理念、评估作用、评估分类、评估重点上皆取得新的发展,是我国高校教学评估实践的新探索,更是教学评估理论认识水平的新提升[6]。

(三)如何评:强调建立健全高等教育评估政策法规,关注规范高等教育评估组织实施过程

研究者在对政府类、学校类、社会类主体群体开展高等教育评估的实践研究中提出了如下核心观点:

健全的评估组织是确保高等教育评估有效开展的关键[7],应建强评估组织体系[8]、加强评估组织自身能力建设[9]、提高评估组织公信力[10]。如美国高等教育认证评估在高等教育认证协会(CHEA)的领导下由六大区高等教育联合会所属

---

[1] 钟秉林.新建本科院校要高度重视内涵发展和质量建设——基于41所本科院校合格评估结果的分析[J].中国高教研究,2015(06):68-72.

[2] 陈文江.关于普通高校本科教学工作水平评估指标体系的思考[J].中国大学教学,2004(10):53-55.

[3] 龙宗智.高校本科教学水平评估反思[J].四川大学学报(哲学社会科学版),2009(01):5-11.

[4] 纪红.本科教学工作水平评估指标体系研究[J].高教发展与评估,2008(01):54-61,121-122.

[5] 安江英,郭炜煜.对本科教学工作水平评估有关问题的认识和思考[J].华北电力大学学报(社会科学版),2004(03):89-91.

[6] 刘振天.从水平评估到审核评估:我国高校教学评估理论认知及实践探索[J].中国大学教学,2018(08):4-11,25.

[7] 肖国芳,彭术连,朱申敏.组织生态学视角下我国高等教育第三方评估组织发展的困境及超越[J].高教探索,2021(01):5-10.

[8] 董小平,史秋衡.中国高等教育评估制度现代化:历程、挑战与展望[J].西南大学学报(社会科学版),2021(01):104-111,227.

[9] 肖国芳,杨银付.管办评分离背景下高等教育第三方评估的价值意蕴、实践困境及突破路径[J].高校教育管理,2020(05):49-57.

[10] 孙科技.高等教育第三方评估公信力提升:挑战、国际经验及中国进路[J].湖南师范大学教育科学学报,2021(02):105-113.

的高等院校认证委员会组织执行[1];日本高等教育评估由文部科学省、学术自治主体机构和高校组织执行[2][3],近年来第三方评估系统介入高校自我监控和评估系统,以提高高校的质量和问责效果[4];澳大利亚建立了国家开展资格认证、大学自我评估、州联邦政府认证、大学质量代理机构审核的评估组织体系[5];法国通过独立于政府、高等教育机构的国家评估委员会(CNE)对本国高等教育质量进行评估,政府只有对委员任命的权力,不干涉评估委的工作[6];英国高等教育质量主要通过高等教育质量保证署(QAA)进行监控评估,此外一些高校还要接受经授权的合法专业学术机构(Professional Statutory and Regulatory Bodies)的审查[7]。

完善的高等教育评估制度的程序细节[8][9],规范的评估程序和方法是确保高等教育评估科学性的关键。典型代表如通过学校申请—提交自评报告—专家组实地考察—形成考察报告—地区高等院校协会审查并认证结论等程序或方法进行,或通过签订鉴定协议—组建鉴定专家组—采集鉴定信息—开展鉴定调查—形成鉴定报告与决定—确定限期鉴定时间—公布鉴定结果—申述等程序或方法进行(美国院校评估或认证)[10][11];通过校长制定指标—制定自我评价目标和计划—设定自我评价项目与方法—提出自我评估的结果—制定改进计划并实施—公布自我评价结果报告书—改正自我评价的结果报告书等程序或方法

---

[1] 雷庆.北美地区高等教育质量保障体系研究[M].北京:北京航空航天大学出版社,2008:1.

[2] 郑晓齐.亚太地区高等教育质量保障体系研究[M].北京:北京航空航天大学出版社,2007:3-21.

[3] 徐安琪,孙阳春.第三方教育评估体系的建构与运行——基于帕森斯结构功能主义的分析[J].教育现代化,2019(87):141-144.

[4] Yamaguchi A M, Tsukahara S. Quality assurance and evaluation system in japanese higher education[J]. Avaliação: Revista da Avaliação da Educação Superior (Campinas), 2016, 21(01):71-87.

[5] 郑晓齐.亚太地区高等教育质量保障体系研究[M].北京:北京航空航天大学出版社,2007:101-102.

[6] 吴本文.法国高等教育评估制度评析[J].长春工业大学学报(高教研究版),2006(03):116-118.

[7] 李良军.英国高等教育教学质量评估与监控制度研究[J].重庆大学学报(社会科学版),2004(01):146-148.

[8] 邱柯萍.美国高等教育评估制度分析与借鉴[J].中国成人教育,2018(18):112-114.

[9] 何秀超.探索中国特色现代高等教育评估制度全面提升人才培养质量[J].中国高教研究,2018(10):1-5.

[10] 雷庆.北美地区高等教育质量保障体系研究[M].北京:北京航空航天大学出版社,2008:92-128.

[11] Eaton J S. U.S.accreditation: Meeting the challenges of accountability and student achievement[J]. Evaluation in Higher Education, 2011(01):1-20.

进行(日本高校自我评价模式)[①];通过学校申请和自查—评估条件检查—学校自评—上报和公布材料—现场考察和评估—确定和公布结论—工作整改—评估回访等程序进行[②]。我国高等教育评估主要包含了专家进校现场评估、跟踪调查与常态性信息质量监控[③]等程序或方法。

(四)怎么用:评估结果运用主张趋向多元化,提高高校发展能力成为其共同焦点

当前,高等教育评估结果逐渐被研究者赋予了更多功效和作用,从而成为政府管理高等教育、高校自我发展、社会或用人单位等利益主体参与高等教育的重要途径。综合不同学者的观点和部分国家的实践经验,可将高等教育评估结果运用的代表性观点归为五种:作为高校自我发展的重要途径[④],即通过评估获得社会和用人单位认可,提高社会声誉、吸引广泛生源和各种投资捐赠[⑤],同时也帮助学校进一步提高办学水平[⑥][⑦]、保障高校自主保证教育质量的办学功能、促进大学特色化发展[⑧]、推动高校治理变革[⑨];作为政府管理高等教育的重要

---

① 郑晓齐.亚太地区高等教育质量保障体系研究[M].北京:北京航空航天大学出版社,2007:1.
② 高等职业院校人才培养工作评估研究课题组.高等职业院校人才培养工作评估:实务与点评[M].北京:高等教育出版社,2011:104-105.
③ 刘振天.高等教育评估结果的使用及其规范探究[J].中国高等教育,2013(21):22-25.
④ 钟宇红,邱立民,张巍文.系统研究国外研究生教育评估制度的力作——评《国外研究生教育评估制度研究》[J].大学教育科学,2017(06):2.
⑤ 谭向明.由单一的政府评估向多元化社会评估转变——上海高等教育评估的发展趋势与对策[J].教育发展研究,2003(12):54-56.
⑥ 钟宇红,邱立民,张巍文.系统研究国外研究生教育评估制度的力作——评《国外研究生教育评估制度研究》[J].大学教育科学,2017(06):2.
⑦ 肖国芳,彭术连,朱申敏.组织生态学视角下我国高等教育第三方评估组织发展的困境及超越[J].高教探索,2021(01):5-10.
⑧ 高宗泽.加拿大不列颠哥伦比亚省高等教育质量保证过程审核制度及其特点——以对不列颠哥伦比亚大学的审核为例[J].外国教育研究,2020(01):87-102.
⑨ 肖国芳,杨银付.管办评分离背景下高等教育第三方评估的价值意蕴、实践困境及突破路径[J].高校教育管理,2020(05):49-57.

手段，即将评估结果作为政府资源配置的重要依据[①][②]，如确定预算外拨款[③]、学校升格、招生规模、新专业设置、质量工程项目审批[④]；作为学生或家长教育消费的重要参考，即帮助学生及家长了解高校或专业，方便学生升学时选择高校和专业；作为社会用人单位选人用人的重要参考，即为用人单位选择高质量毕业生提供参考信息[⑤]；此外，高等教育评估结果还具有鉴定作用、反省作用、参谋作用、批判作用和中介作用等[⑥]。

尽管不同国家的高等教育及评估历史发展不同，评估结果作用发挥也存在重要差异，但是评估在提高高校自我发展能力方面的作用已成为不同研究者以及不同国家实践的基本共识。

总体来看：研究界对政府类、学校类、社会类主体群体在高等教育评估中的共同主体地位已取得基本共识；诸多评估项目基于政府管理高等教育、高校办学或其他利益主体的旨趣受到认可；高等教育评估政策法规在维持高等教育评估实践秩序方面的作用越显重要；评估主体的组织化、评估内容的结构化、评估过程的完备化和精细化、评估效用的多元化已成为高等教育评估制度研究的焦点和实践改革的重心。

已有研究或实践为深入系统探讨构建高等教育评估制度奠定了坚实基础。在高等教育评估机制改革创新实践中，我国为满足深化新时代高等教育评价改革发展需要、拥有高等教育评估发展国际视野，应该如何处理政府类、学校类、社会类主体群体在高等教育评估机制中的关系，建立符合时代要求和我国国情的高等教育评估效用体系、主体体系、内容体系、模式体系等评估文化，使多类

---

① Dougherty K J, Jones S M, Lahr H, et al. Performance Funding for Higher Education: Forms, Origins, Impacts, and Futures[J]. ANNALS-AAPSS, 2014(01): 163-184.

② Broadbent J. The UK research assessment exercise: performance measurement and resource allocation[J]. Australian Accounting Review, 2010(01): 14-23.

③ 谭向明. 由单一的政府评估向多元化社会评估转变——上海高等教育评估的发展趋势与对策[J]. 教育发展研究, 2003(12): 54-56.

④ 刘振天. 高等教育评估结果的使用及其规范探究[J]. 中国高等教育, 2013(21): 22-25.

⑤ 张荣娟, 徐魁鸿. 美国高等教育元评估制度探析——以高等教育认证协会为例[J]. 高教探索, 2018(02): 65-69.

⑥ 别敦荣. 论高等教育评估的功能[J]. 高等教育研究, 2002(06): 34-38.

评估主体的评估实践发挥最大程度的协同效能,已成为新时代我国高等教育评估机制改革亟待破解的重要问题,也是我国构建具有中国特色高等教育评估理论的重要突破口。

三、研究问题与内容

在深化教育体制机制改革尤其是"放管服"改革过程中以及在深化新时代教育评价改革精神的引领下,基于已有理论研究成果及研究者前期探讨,形成了本书研究内容的基本判断:一是高等教育评估机制需以评估效用系统为产出标的,以评估主体系统为基础,以评估范畴系统和评估模式系统为载体;二是高等教育协同评估机制由评估效用协同、评估主体协同、评估范畴协同、评估模式协同等子协同系统构成,且后序子协同系统与前序子协同系统既存在依存关系又存在协同关系。

在此基础上,按照协同评估机制具有的内在逻辑结构,本书依次探讨政府类、学校类、社会类主体群体在高等教育评估效用、评估主体、评估范畴和评估模式等维度全方位协同的问题。各部分具体研究内容如下。

(一)高等教育全方位协同评估机制本体研究

聚焦高等教育全方位协同评估机制"是什么"问题,从全面质量管理和协同思想出发,设定高等教育全方位协同评估机制内涵,理顺高等教育全方位协同评估机制创构逻辑。

(二)高等教育全方位评估效用协同研究

立足政府类、学校类、社会类主体群体在高等教育评估实践中的角色身份,基于高等教育评估效用生成过程,区分各类主体群体评估高等教育的关键效用区,探索各类主体评估效用区的协同路径。

(三)高等教育评估主体共同体创建研究

立足政府类、学校类、社会类主体群体在高等教育评估实践中的身份角色、价值和功能差异,剖析各类主体群体协作评估高等教育的内在动力,探索高等教育评估共同体的创建方法与路径。

(四)高等教育全方位评估范畴整合研究

区分政府类主体群体从监管服务维度评估高等教育的范畴、学校类主体群体从高水平办学维度评估高等教育的范畴、社会类主体群体从生产实践服务导向维度评估高等教育的范畴,探索各类主体群体评估范畴的统整路径。

(五)高等教育全方位评估模式协和研究

分析政府类主体群体作为监管部门评估高等教育的基本模式、学校类主体群体作为办学主体评估高等教育的基本模式、社会类主体群体作为生产实践主体评估高等教育的基本模式,探索各类主体群体评估模式的内在协和路径。

四、研究目标

以中共中央办公厅、国务院办公厅《关于深化教育体制机制改革的意见》提出的建立健全教育评价制度,以及中共中央国务院印发的《深化新时代教育评价改革总体方案》提出的"构建政府、学校、社会等多元参与的评价体系,建立健全教育督导部门统一负责的教育评估监测机制,发挥专业机构和社会组织作用"为指引,围绕高等教育评估机制改革需破解的关键问题,在下列方面取得突破性成果:(1)破解政府类、学校类、社会类主体群体评估效用协同和评估共同体形成的机制难题;(2)构建政府类、学校类、社会类主体群体评估范畴整合的机制蓝图;(3)提出政府类、学校类、社会类主体群体评估模式协和的机制构想。

五、研究思路及方法

本书阐述的研究内容采用了原理研究与实证研究相结合的研究思路,并据此采用了可行性强的研究方法。

(一)研究思路

有效整合学术类研究和决策咨询类研究的技术路线,既强调从学理转化为实践的应用路线,又强调从实践升华为理论的发现路线,促进两条技术路线合向并用、优势互补。其基本技术路线为:综合学理分析和实践调研结果形成协同评估机制构念—整合实践调研和专家咨询结果修正协同评估机制构念—借助学理分析和实践调研,依次探究各类主体群体评估效用、评估主体、评估范畴、评估模式等的协同路径—整合实践调研和专家咨询结果修正、统整协同评估机制创建路径。

(二)研究方法

在研究过程中,既采用了田野考察、问卷调查、比较研究等实证类方法,又采用了文献分析、思辨演绎等思辨类方法。

1. 田野考察

借助地方高等教育评估实践工作平台,系统分析政府类、学校类、社会类主体群体评估高等教育身份角色的差异性与同一性,考察并挖掘各类主体群体在评估效用、评估主体、评估范畴、评估模式等方面的实践运作。田野考察对象主要分布在重庆、四川、辽宁、吉林、福建、浙江、湖北、贵州、青海、河南等地高校,以及部分省市教育行政部门或教育评估机构,其中涉及本科院校40余所,高职院校50余所。

田野考察中进行了深度访谈和交流,多方听取和吸纳了专家对政府类、学校类、社会类主体群体协同评估高等教育的评估效用、评估主体、评估范畴和评估模式的看法,洞察不同类型主体或个体持有的高等教育评估潜在理念和价值取向,增强研究成果的理论深度和实践根基。研究中访谈的学校类主体群体主要包括高校的校长、副校长、教务处长、质量保障部门负责人、二级教学单位负责人、普通教师,以及少量在校大学生、用人单位;政府类主体群体主要包括教育督导部门、高等教育管理部门、政策法规部门等的相关人员;社会类主体群体主要包括大学评估民办专业性机构、学会/协会组织等。针对部分高校类主体或政府类主体在调查研究中采取了半结构化访谈,深度了解了调研对象对某类评估主体或具体评估项目实施的观点和看法。

2. 问卷调查

通过对教育行政部门、高校主体、专业评估机构、社会组织等进行问卷调查,了解其对政府类、学校类、社会类主体群体协同评估高等教育的评估效用、评估主体、评估范畴和评估模式的看法,挖掘各级各类主体对构建高等教育协同评估机制的共识。问卷调查主要涉及教育行政部门、教育科研机构、专业评估机构、高校等,回收有效问卷53份;问卷调查结果为研究判断提供事实或数据性支撑。

3. 比较研究

通过对北美地区、亚太地区、欧洲地区部分国家高等教育的不同类型主体评估效用、评估范畴、评估模式的分析,比较了不同管理机制的高等教育评估要素的特征差异,为评估要素之间协同关系的创建提供智慧。

4. 文献分析

通过国内外文献研究了解该领域的研究现状和主要观点。梳理代表性国家发挥多类评估主体各方资源能力优势、区划评估效用和评估范畴、建构评估模式等高等教育评估实践经验,了解研究者们对政府类、学校类、社会类主体群体评估高等教育的看法,从而确保高等教育全方位协同评估机制的国际视野和认同度。文献分析法主要以CNKI中国学术期刊全文数据库、万方数据库等为文献检索资源库,通过核心关键词检索1985年至2021年期间高相关的期刊论文。

5. 思辨演绎

通过学理分析,从协同理论和全面质量管理理论等视角出发,探讨高等教育全方位协同评估机制的本质,分析政府类、学校类、社会类主体群体评估高等教育的效用协同、主体协同、范畴整合、模式协和的内在原理,确保高等教育全方位协同评估机制的逻辑合理性和实践可行性。

第二章
高等教育全方位协同评估机制本体分析

高等教育评估机制作为高等教育评估制度的核心内容，是高等教育评估制度现代化的主体部分，也是高等教育评估制度实践运行的集中体现，因而通常成为一个国家高等教育体制机制变革的重要突破口。从人类社会发展规律来看，人类社会的变革源自人们对社会的理解和认识，有什么样的理解或认识就会产生什么样的人类社会变革实践，而对社会的不同认识就会产生不同的社会变革实践。高等教育评估机制作为人类在高等教育领域的社会实践成果，对其的不同认识也会产生不同的高等教育评估机制变革实践。因此，要创新我国高等教育全方位协同评估机制，就需要从我国国情出发，深刻理解高等教育全方位协同评估机制的本体内容，理清高等教育全方位协同评估机制的创新逻辑。

第一节 协同评估的意蕴

评估观决定着评估实践形态，协同评估观也就决定着协同评估实践形态，因而成为协同评估机制创建的逻辑起点。理解协同评估，可以从词源学视域出发，厘清协同评估的本真意义，进而探析其内在特性。

协同评估既是一种评估理念，也是一种理想的评估实践形态。在人类社会实践中，协同评估并非人类社会自然孕育的产物，而是从人类社会评估实践需要中提出的一种愿景类评估观念和评估实践形态，这就意味着对协同评估的理解和设定本身就是一种创造的过程。正如美国著名评估研究者斯塔弗尔比姆在考察评估的相关概念产生过程时所言,在评估理论与实践发展过程中,评估的相关概念的产生要么源自特定实践情境,要么源自一定哲学观点。[①]协同评估的提出同样如此,其既源自特定的评估实践情境,又源自一定的理论观点,更在试图解决评估问题的过程中吸取了社会科学领域的有益思想,其是对理想评估形态的概念化结果。所以,要理解协同评估,可以从协同学的"协同"语义和评估学的"评估"语义的有益思想出发,引申和设定协同评估的内在规定性,进而创设有利于评估实践问题解决的协同评估内涵。

一、协同的内涵

在英语世界中,协同学使用"synergy"一词来表示"协同"的本体意义,其词根"syn-"源自希腊语"synergos",意指"共同,在一起",词缀"-ergy"意为"工作"或"能量","synergy"则意指共同工作或合力。在汉语世界中,"协同"一词指的意义同英语世界"synergy"指的意义最为接近。"协"意指"共同""配合""和谐",描述多种因素彼此关照、互助互补的和合状态;"同"意指"一样","一起;共同",表达多种因素组合在一起而达成共生共在的整体状态。因此,汉语世界中的"协同"意指多种因素共在共生,形成彼此关照、互助互补的和合效应。从词源的视角看,无论在英语世界还是汉语世界,"协同"(synergy)都意指多种因素在共生共在中彼此关照、互助互补,以和合行动来形成共赢的整体状态。

二、评估的内涵

"评估"属于一个发展性概念,不同国家或同一国家的研究者对其理解见仁见智,但也异中有同。在汉语世界中,"评估"属于组合词,其中,"评"含有"从言,从平"之意,意指不偏不倚地言说或发表事物轻重好坏的意见,其本身蕴含判断事物的标准或规则;"估"含有"从人,从古"之意,意指主体(商人)参照过去的规矩分析事物。《现代汉语词典》将评估解释为"评议估计;评价";《汉语大词典》将其解释为"评价和估量"。因此,"评估"在本源意义上可理解为主体(人们)不偏不倚地言说或衡量事物轻重好坏的意见,并以此作为标准或规则分析

---

① 斯塔弗尔比姆.评估模型[M].苏锦丽,等译.北京:北京大学出版社,2007:原著序言.

其他事物或事物的其他方面。在英语世界中,"evaluation"最接近汉语世界的"评估"所指。其中,前缀"e-"在词源上意指引出或导出,"valor"在拉丁文中意指价值,由此可见,"evaluation"在始源性意义上意指引出或导出价值。所以,无论是在汉语世界抑或是英语世界,"评估"都含有按照既有规则来判断或衡量事物(价值)之意。在现实研究与实践中,人们主要用"评估"来指为衡量事物而开展的引出或导出事物价值的实践活动。同时,在科学研究领域,研究者对"评估"实践活动所涉及的相关因素或环节进行了更加科学而准确的界说,使"评估"成为一种专业性、专门性的实践。如德国学者施托克曼(R. Stockmann)在分析科学研究和日常生活领域对评估概念的界定或使用后指出,科学实施的评估具有明确界定的评估对象、客观化的经验的数据收集方法、确定的公开的标准、系统的比较方法、具有能力的评估者和实施评估的目标等共同特征。[①]如果对这些共同特征进行深究可以发现,科学实施的评估实践至少包含四个基本要素:效用(即评估追求期望达成的目的)、主体(从事评估实践的评估人员)、范畴(评估对象或评估对象的具体领域)、模式(评估实践展开的具体操作方式)。所以在科学的评估实践中,"评估"意指主体为达成特定效用,在具体范畴领域采取专业的模式来引出或导出事物价值,并以此衡量事物的人类实践活动。

三、协同评估所指

基于"协同"和"评估"的丰富内涵,从操作式定义来讲,所谓"协同评估"主要指由多元评估实践构成的复杂评估体系中,在各类主体群体引出或导出事物价值并据此衡量事物时,实践环节或要素之间彼此关照、互助互补地和合行动,以达成共赢的整体效果的过程。

第二节 全方位协同评估的意蕴

理清全方位协同评估的意蕴,是准确把握全方位协同评估机制本质的基础。

---

① 赖因哈德·施托克曼,沃尔夫冈·梅耶.评估学[M].唐以志,译.北京:人民出版社,2012:70-71.

一、全方位协同评估思想之源

评估是一种社会服务,全方位协同评估思想的提出根源于质量管理领域"全面质量管理"理论。美国著名质量管理专家菲根堡姆(A.V.Feigenbaum)认为,提供一种顾客所满意的产品或服务,而其质量是在最经济的成本条件下加以设计、制造、营销和维持的,实现这个目标需要有内容广泛的全公司范围的体系,并将其称为"全面质量管理"。① 从操作性定义上,菲根堡姆将"全面质量管理"定义为了能够在最经济的水平上并考虑到充分满足顾客要求的条件下进行市场研究、设计、制造和售后服务,把企业内各部门的研制质量、维持质量和提高质量的活动构成为一体的一种有效的体系。② 从全面质量管理的思想来看,全面质量管理的实质是对产品质量领域的全方位质量管理,这种全方位主要体现在五个方面:一是注重用最经济的成本为顾客提供满意的质量;二是强调组织内部各项活动的体系化;三是强调质量领域;四是注重人际关系基础;五是强调技术方法基础。全面质量管理思想同样适用于教育评估领域。在多类主体群体实施的复杂评估实践体系中,评估要以最经济的方式发挥最佳的功能和效果,仅仅依靠评估中局部领域或个别环节的协同难以实现,其需要在整个复杂评估实践体系中实现全方位协同评估。

二、全方位协同评估思想内涵

从全方位质量管理的特征来看,这里可把评估领域的"全方位协同评估"定义为:在多类主体群体实施的复杂评估实践中,按照最经济且评估功能整体最优的预设,确立各类主体群体评估实践的评估效用、主体关系、评估范畴、评估模式等要素,并使各要素按照产出导向逻辑,在评估效用设计、评估主体行动、评估范畴设定、评估模式采用等实践中形成彼此关照、互助互补的和合行动,从而构建整体共赢的有效实践体系。

全方位协同评估的"全方位"至少体现在两个维度:一是多类主体群体实施的同类评估实践要素的协同,即不同类型主体群体之间的评估效用协同、评估

---

① A.V.菲根堡姆.全面质量管理[M].杨文士,廖永平,等译.北京:机械工业出版社,1991:4.
② A.V.菲根堡姆.全面质量管理[M].杨文士,廖永平,等译.北京:机械工业出版社,1991:4.

主体协同、评估范畴协同、评估模式协同；二是同类主体群体实施的评估实践要素之间的协同，即在产出导向思想引领下，以评估效用预期为出发点，强调评估主体行动、评估范畴规划、评估模式实施等对评估效用的支撑，以最佳方式提高评估效用实现度。

三、高等教育协同评估的本质

简言之，高等教育协同评估，即高等教育领域的协同评估。从高等教育协同评估实践要素来讲，高等教育协同评估具有自身的特点：一是评估效用层面，高等教育涉及面广、关涉的利益主体复杂多元，不同利益主体对高等教育需求不同，因而追求的评估效用多元。二是评估主体层面，从主体角色身份来看，高等教育评估主体至少涉及政府类主体群体、学校类主体群体、社会类主体群体，其分别代表高等教育服务监管侧、服务供给侧和服务需求侧。三是评估范畴层面，高等教育承担着人才培养、科学研究、社会服务和文化传承创新任务，其活动范畴涉及教育教学活动、科学研究活动、社会服务活动和文化传承创新活动，因而高等教育评估范畴必然涉及教育教学、科学研究、社会服务、文化传承创新等具体领域。四是评估模式层面，不同类型主体群体掌握着不同的评估资源和评估技术手段，因而不同类型主体群体或同一类型主体群体的不同亚群体展开高等教育评估实践的操作方式也不尽相同，其同样具有多元性。

有鉴于此，高等教育协同评估可具体定义为：多类主体群体开展的复杂高等教育评估实践中，在各类主体群体引出或导出高等教育教学活动、科学研究活动、社会服务活动、文化传承创新活动的价值时，不同类型主体群体的高等教育评估效用间、评估主体间、评估范畴间、评估模式间，通过彼此关照、互助互补的和合行为来达成共赢性和整体性评估效果的过程。

四、高等教育协同评估机制的内涵

正确理解高等教育协同评估机制是剖析高等教育全方位协同评估机制的基础。

(一)评估机制的内涵

机制在不同语境中指的对象不同。其至少存在三种类型:一是在工业制造领域,机制主要指机器结构与运行原理;二是在生物科学领域,机制主要指机体构成部分、功能及其关系;三是在管理科学领域,机制主要指工作系统的组织部分及其运行过程与方式。尽管不同语境使用"机制"一词指的对象不同,但都揭示了机制的共相——系统,机制主要描述系统的内在结构及其运行方式。其通常包含三个部分:一是构成系统的要素;二是系统要素的结构关系;三是系统要素之间的作用方式。基于此,在评估领域中,机制至少可用来指评估系统构成要素以及这些评估要素的结构关系及其作用方式。

有鉴于此,评估机制,这里主要指由多类主体群体开展的评估实践所构成的复杂评估体系中,构成评估实践的评估效用、评估主体、评估范畴、评估模式等评估要素,评估效用内部、评估主体内部、评估范畴内部、评估模式内部的结构关系,以及评估效用、评估主体、评估范畴、评估模式之间的作用方式。具体讲,评估机制至少具有如下特征:一是评估效用、评估主体、评估范畴、评估模式等要素之间具有内在的联系。这种内在联系主要体现在以评估效用为逻辑起点,形成评估主体结构,而评估主体按照各自的评估效用选择评估范畴,以及基于评估效用达成、评估范畴和主体资源特点确定评估模式。二是各评估要素属于子系统,其也含有构成要素及要素间也具有相互联系。其中,复杂评估体系的评估效用由多类主体群体的评估效用构成,且这些评估效用之间具有紧密的内在联系;复杂评估体系的评估主体具有多元性,由多类主体群体构成,且不同类型主体群体间相互作用;复杂评估体系的评估范畴由不同类型主体群体实践的范畴构成,不同类型主体群体的实践范畴相互关联构成整体;复杂评估体系的评估模式具有多元性,且这些多元的评估模式间具有紧密的内在联系。

(二)高等教育协同评估机制所指

高等教育协同评估机制是协同评估机制在高等教育领域的具体应用和实践。在复杂的高等教育评估实践场域中,评估主体主要由政府类、学校类、社会类主体群体构成;不同类型主体群体的评估实践具有自身的评估效用、评估范畴以及评估模式。因此,高等教育协同评估机制主要意指在政府类、学校类、社会类主体群体开展的复杂高等教育评估实践中,构成复杂高等教育评估实践系统的评估效用、评估主体、评估范畴、评估模式之间的产出导向作用方式,以及评估要素各自内部间或外部间彼此关照和互助互补的联系。

五、高等教育全方位协同评估机制的意蕴

基于对高等教育协同评估机制和全方位协同评估思想的认识,这里可以把高等教育全方位协同评估机制定义为:在政府类、学校类、社会类主体群体实施的复杂高等教育评估实践场域中,为了能以最经济的方式形成整体最优的高等教育评估功能,三类主体群体在评估效用之间、评估主体之间、评估范畴之间、评估模式之间彼此关照、互助互补,其形成的评估效用体系、评估主体体系、评估范畴体系、评估模式体系之间按照产出导向关系,形成以评估效用体系为结果产出,评估主体体系、评估范畴体系、评估模式体系有效实现评估效用体系的作用方式,构成三类主体群体共同参与高等教育评估实践的和合体系。

深入理解高等教育全方位协同评估机制至少涉及三个方面:一是评估机制的预期目标是形成最经济且整体最优的高等教育评估功能。二是政府类、学校类、社会类主体群体的高等教育评估效用、评估范畴和评估模式共同构成彼此关照和互助互补的结构化体系。三是具有基于评估效用产出的高等教育评估实践机制,即以三类主体群体的高等教育评估效用结构化体系为评估机制运行的产出,构建高等教育评估主体、评估范畴、评估模式的结构化体系,从而系统有效地实现高等教育评估效用的结构化体系。

高等教育全方位协同评估机制的全方位主要体现在纵横两个维度:一是在横向维度上,政府类、学校类、社会类主体群体的评估效用之间、评估主体之间、评估范畴之间、评估模式之间形成的彼此关照和互助互补的共生性结构;二是在纵向维度上,政府类主体群体、学校类主体群体、社会类主体群体实施高等教育评估实践的体系内部评估效用、评估主体、评估范畴、评估模式等要素形成的产出导向机制。

六、高等教育全方位协同评估机制创构逻辑

从高等教育全方位协同评估机制的内涵设定出发,高等教育全方位协评

估机制创构可基于四个基本问题,即"为何评""谁来评""评什么""怎么评",勾勒出高等教育全方位协同评估机制的逻辑结构(见图2-1),从而为创新高等教育全方位协同评估机制提供基本路径。

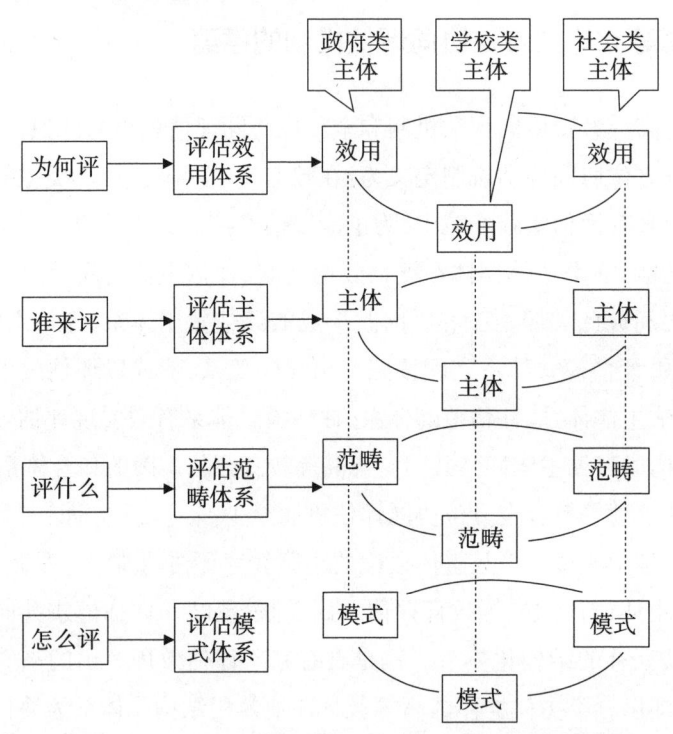

图2-1　高等教育全方位协同评估机制逻辑结构

从高等教育全方位协同评估机制逻辑结构可看出,创新高等教育全方位协同评估机制至少涉及四个领域:一是聚焦"为何评"问题,探索政府类、学校类、社会类主体群体的高等教育评估效用构成及其协同;二是基于"为何评"之产出,聚焦"谁来评"问题,探索政府类、学校类、社会类主体群体的高等教育评估主体构成及其协同,也即评估主体共同体创建;三是基于"为何评""谁来评"层面的协同,聚焦"评什么"问题,探索政府类、学校类、社会类主体群体评估范畴构成及其整合;四是基于"为何评""谁来评""评什么"层面的协同,聚焦"怎么评"问题,探索政府类、学校类、社会主体群体的高等教育评估模式及其协和。

第三章
高等教育全方位评估效用协同

评估效用作为高等教育评估机制的功能产出,是高等教育评估实践的目的指向,也是探索政府类、学校类、社会类主体群体全方位协同评估机制创新的逻辑起点。所以,从政府类、学校类、社会类主体群体身份角色出发,如何区划各类主体群体评估高等教育的关键效用区,如何实现各类主体群体评估效用区的有效协同,也就成为创新高等教育全方位协同评估机制的首要问题。

第一节　高等教育评估效用协同的意蕴

要实践高等教育全方位评估效用协同,首先必须理解评估效用协同的内涵。

一、效用的内涵

"效用"一词最早源于经济学领域,主要指消费者的消费行为满足自己需求或欲望的程度,一般来讲,效用越大则满足消费者需求或欲望程度越高。在经济学领域,效用为一种主观感受,有学者认为可用基数表示,并可以求和,即基数效用;也有学者认为,不能用基数表示,只能用序数表示,其标示满足需求或欲望的程度高低,即序数效用。无论哪种观点和看法,都意味着消费者的消费行为满足需求或欲望的程度存在综合效用,因而在经济学领域引入"总效用"概念。简言之,所谓总效用,就是指消费者的各种消费行为满足自己需求或欲望的总体程度。那么,消费者的各种消费行为如何构成总效用?为回答这个问题因而引入了"边际效用"概念。所谓"边际效用",则是指增加单位消费或商品,消费者满足自己需求或欲望的需求增加值。消费经济学认为,边际效用具有递减规律,即在消费者其他商品消费不变的情况下,消费者对某种商品或服务消费数量连续增加时,单位商品或消费满足消费者需求或欲望的程度值递减。这种"递减"甚至可以从正值降到负值,即消费者对某种商品或服务消费达到一定程度时,单位商品或消费不仅不能提高消费者需求或欲望的满足度,反而会降低消费者对商品或消费的满足度,进而给消费者带来不良体验。为了探究消费行为效用的最大化,人们提出"消费者均衡"概念,即消费者在既定收入情况下实现效用最大化的状态,其可理解为用有限的付出获得最大的消费满足,这就涉及消费者对消费行为的最佳限度,或消费者对某种或某些商品消费量的边界。

二、评估效用的意蕴

"评估"作为一种能够满足人们某种需要的专业性社会实践活动,其本身具有内在价值和使用价值,是在人类社会中进行交换的劳动产品,所以从某种程度上讲,评估属于一种特殊的服务商品。评估作为一种特殊商品,同其他任何商品一样,其本身也具有效用,其可称为评估效用。所谓评估效用,从操作性定义上讲,可以指评估者提供的评估服务满足消费者需求或欲望的程度,或者说受评估者消费评估服务行为满足自己的需求或欲望的程度。当评估对象不止接受一种或来自一方的评估服务时,评估效用也存在多方评估服务供给者提供的服务满足评估服务需求者的需求或欲望的总体程度问题,也即评估服务也存在总效用问题。正是基于此,从理论上讲,评估效用也同样存在多种评估服务供给或受评对象接受的多种评估服务如何构成总效用的问题。因此,边际效用也同样适用于评估效用,即在接受其他评估服务供给不变的情况下,对某种评估服务消费数量连续增加时,单个评估服务供给满足受评对象需求或欲望的程度值递减。这种递减过程同样可能使某项评估服务供给满足受评对象需求的程度从正值递减到负值;也即当某类评估服务连续增长达到一定量时,受评对象的需求或欲望的满足程度反而会降低,其可视为评估供给给受评对象带来负面的影响越来越多。

从这种意义上讲,在评估领域,评估效用也存在消费者均衡状态,其可视为受评者均衡。所谓受评者均衡,其主要假定受评估对象接受评估服务的需求既定情况,受评估对象接受单次评估服务的评估效用是最大化的状态,即用有效的评估服务让受评对象获得最大的需求满足,这也就存在受评对象对接受评估的最佳限度,或者说受评对象接受评估服务的边界,这种状态在评估实践中涉及如何用最少的评估供给最大限度满足受评对象需求的命题。如果存在受评者均衡问题,那么评估效用就需要持续追问另一个问题,即在受评者需要的评估效用限度范围内,评估服务供给按照何种结构或比例搭配或组合使用可以给受评估对象带来最大的满足感,或者说在评估服务供给和受评估对象接受评估服务需求给定情况下,受评估对象可以接受的多种评估服务或多类评估服务的最大数量组合结构,这里可将其称为复杂评估服务体系中的最佳评估效用结构。在这种评估效用结构中,多方或多类评估服务都能给受评估对象带来最大效用,即各方或各类评估服务项目都能让评估对象的需求或欲望获得最大程度的满足,从而减少无效的评估服务供给或带给受评对象负面影响的评估服务供给。

在总评估效用并非既定情况下,通常受评估对象接受评估服务需求量的多少取决于评估服务质量和评估对象欲求水平,如果评估对象欲求水平发生变化,受评估对象需求量发生变化,那么评估服务带给受评估对象的需求满足程度也会发生变化,总评估效用水平随即发生变化,评估服务满足受评估对象需求的程度也就发生了变化;如果评估服务质量发生变化,也会影响评估对象需求量的变化,总评估效用水平也随即发生变化。从这种意义上讲,可以通过改变评估服务供给质量和受评估对象欲求水平来改变评估服务满足评估对象需求或欲望的总体程度,即改变总评估效用。

三、高等教育评估效用的意蕴

高等教育评估效用是高等教育评估服务供给满足高等教育(或高校)的需求或欲望的程度。高等教育评估效用越大即意味着高等教育评估服务满足高等教育(或高校)需求或欲望的程度越高,反之则越低;高等教育评估效用越大也意味着高等教育评估服务满足高等教育(或高校)需求的效果越明显。高等教育评估效用作为一种特殊的评估效用,既具有一般评估效用的特点和规律,也具有自身的特殊性。高等教育评估服务的构成主要包括政府类主体群体提供的评估服务、社会类主体群体提供的评估服务以及学校类主体群体开展的自我评估服务;高等教育需求或欲求主要根源于高等教育主体在人才培养、科学研究、社会服务、文化传承创新实践中面临的发展问题。从这种意义上讲,高等教育评估效用在本质上表现在高等教育评估服务满足高等教育人才培养、科学研究、社会服务、文化传承创新实践的需求或欲望的程度。因此,高等教育评估对特定高校的效用也存在总评估效用现象。在高校的某个具体发展阶段或既定状态下,高等教育评估服务供给能够带给高等教育(或高校)的需求或欲求满足的总量具有确定性,或者说高等教育(或高校)需求或欲求总量是既定的,所以高等教育评估服务供给满足高等教育(或高校)需求或欲求的程度具有"边际线"。

有鉴于此,高等教育评估效用也存在着边际效用,遵循边际效用的递减规律,即在政府类和学校类主体群体自身提供的评估服务供给既定情况下,随着社会向高等教育(或高校)提供的评估服务数量增加,单个或单类评估服务满足高等教育(或高校)需求或欲望的程度降低;同样,如果在社会类和学校类主体群体提供的评估服务供给既定情况下,随着政府类主体群体向高等教育(或高校)提供的评估服务数量增加,单个或单类评估服务满足高等教育(或高校)需求或欲望的程度降低。社会类、学校类、政府类主体群体提供的评估服务满足高等教育(或高校)需求或欲望程度降低,均意味着评估服务供给服务高等教育(或高校)发展的作用降低,且按照边际效用的递减规律,甚至可能给高等教育(或高校)发展带来负面影响。就此而言,高等教育评估效用也存在高校参评均衡状态,即在高等教育(或高校)接受评估服务量既定情况下,政府类、学校类、社会类主体群体评估服务供给效用最大状态,即政府类、学校类、社会类主体群体提供的评估服务供给让高校需求或欲望达到最大限度满足。因此,高等教育评估效用同样存在最佳评估效用结构问题,即在高等教育(或高校)需要的评估效用范围内,政府类、学校类、社会类主体群体评估服务供给按照何种结构或比例搭配或组合能够给高等教育(或高校)带来最大的满足感;在这种评估服务供给结构或比例搭配中,政府类、学校类、社会类主体群体通过各自评估服务,在各自领域满足高等教育(或高校)需求或欲望的程度构成了高等教育评估效用的最佳评估效用结构。在这种状态下,政府类、学校类、社会类主体群体的评估服务供给在满足高等教育(或高校)发展方面均能发挥最大价值。

在高等教育总评估效用非既定情况下,高等教育(或高校)可接受政府类、学校类、社会类主体群体评估服务需求量的多少,取决于政府类、学校类、社会类主体群体评估服务供给质量和高校需求或欲求水平。如果高校自身需求或欲求水平越来越高,高校可接纳的政府类、学校类、社会类主体群体评估服务供给量就越多;如果政府类、学校类、社会类主体群体评估服务供给质量越高,高校可接纳的政府类、学校类、社会类主体群体评估服务供给量也会增加。前后两种情况都会让高等教育总评估效用获得增长,政府类、学校类、社会类主体群体评估服务满足高等教育(或高校)需求或欲望的量与程度也得到增长,各类主体群体评估服务推动高等教育(或高校)的发展效果也越来越明显。

四、高等教育评估效用协同的本质

高等教育评估效用是高等教育协同评估机制创构的逻辑起点,也是高等教育协同评估机制的预期产出。就此而言,厘清高等教育评估效用结构,其实质就是清晰定位政府类、学校类、社会类主体群体实施的各种高等教育评估行为对高等教育(或高校)发展产生影响的关键效用区,使政府类、学校类、社会类主体群体开展的评估实践活动预期产出形成整合力量,最大限度发挥各类主体群体评估行为的价值,并对高等教育(高校)发展产生最大效用,这是高等教育评估效用协同的本质。同时,按照产出导向的机制创构逻辑,高等教育评估效用协同的根本在于政府类、学校类、社会类主体群体评估效用内在结构的合理组合与协调;只有各类主体群体评估效用内在结构协调,才能实现评估效用协同,才能真正意义上引导各类主体群体及其在多领域实施的评估内容、评估模式等实现协同;而各类主体、评估内容、评估模式等在各自维度实现协同,也才能在评估机制运行过程中实现评估效用的协同。要真正创构高等教育评估效用协同,可从国际高等教育评估效用实践中吸取经验,并立足我国高等教育评估效用现状,分析我国高等教育评估效用存在的问题,并在问题导向中创新评估效用协同举措。

第二节 国际高等教育评估效用实践

不同国家的高等教育管理体制机制存在差异，高等教育评估效用结构与追求也存在不同程度的差异。分析部分国家各类主体的评估效用区，能为有效定位我国各类主体群体的评估效用区，以及实现各类主体群体评估效用区的协同提供启示。

一、政府类主体群体评估效用区

政府类主体群体作为世界各国高等教育评估的重要主体之一，在不同国家的高等教育管理体制机制中地位不同，其评估实践对高等教育（或高校）发挥的效用也存在差异。尽管如此，同类管理体制的国家在高等教育评估效用方面仍然存在共同点，因此，本书把这些国家分成分权型、集权型、合理授权型等三种类型，综合考察这些国家政府部门或政府部门代表机构在高等教育评估事务中追求或实际发挥的效用。

（一）分权型国家政府类主体群体评估效用区

分权型国家政府类主体群体评估效用区主要有六个方面：一是保证政府规章制度在高校得到遵守。如美国州政府评估强调学校遵守政府规章制度，诊断政府做出的教育改革和质量要求是否在学校达成，并迫使学校向地方行政长官和行政部门负责。二是保证高校向管理部门负责。如澳大利亚联邦政府通过评估加强绩效管理。三是管理学校办学资格。如美国政府执行大学办学批准，并授权行业组织具体组织实施，授予私立学校办学许可；澳大利亚州和地区政府通过评估保证新大学任职标准的一致性和认可度，对课程资格进行合格性鉴定。四是保证教育教学活动规范性。如加拿大魁北克省政府成立学院教育评估委员会，负责对教育部设立的专业目标和标准进行监控和评估。五是实现教育资源（经费）合理配置。如英国通过绩效评估建立拨款机制。六是监控人才培养质量达到政府部门要求。如英国通过绩效指标考核监控和评估高校人才培养质量；澳大利亚联邦政府成立高等教育质量和标准署对全国高等教育质量实施统一监管，整体提升高等教育质量，保证高等教育的全球竞争力。

(二)集权型国家政府类主体群体评估效用区

集权型国家政府类主体群体评估效用区主要有四个方面：一是认定办学资质。如俄罗斯教育部和国家评审局就通过评审颁发办学许可证，马来西亚资格认证署负责马来西亚资格认证框架，印度大学也通过国家评价与认证委员会(NAAC)评价而获得资格。二是控制资源分配。如印度国家评价与认证委员会通过评估管制大学以及拨款。三是控制高校办学质量。如俄罗斯教育部和国家评审局通过鉴定评估来确认高校地位，马来西亚高等教育司质量保障部通过评估规范学校质量。四是统筹认证工作。如马来西亚资格认证署统一协调国内高等教育资格认证。

(三)合理授权型国家政府类主体群体评估效用区

合理授权型国家政府类主体群体评估效用区主要有两个方面：一是保证质量基本水准。如日本文部科学省保证高校达到一定水准，丹麦通过任命外部督查员监督大学达到教育部质量要求。二是推动高等教育质量保障机制建设。如丹麦高等教育质量保障和评估中心通过评估推动高校质量保障工作，指导高校评估，提供国内外质量保障经验。

二、社会类主体群体评估效用区

分权型、集权型、合理授权型管理机制的社会类主体群体评估效用区存在差异。

(一)分权型国家社会类主体群体评估效用区

分权型国家社会类主体群体主要包括专业性评估组织机构、学术研究机构和组织、基金会或协会、报刊社等。分权型国家的社会主体评估效用区主要表现在五个方面：一是同行推动高校提高办学质量。如美国的中部各州大学院校协会(MSCHE)、新英国学校和大学协会(NECHE)、西北地区高校委员会(NWCCU)、中北部学院和学校协会(NCACS)、西部学校和学院协会(WASC)、南部学院和学校协会(SACS)通过对美国各地区公立和私立高等教育进行同行评估和认证来提高办学质量；英国高等教育质量保证署(QAA)推动高等教育标准、学术标准和质量改进；加拿大魁北克省的专业申请评估委员会开展学士、硕士和博士专业授位审核,确保专业学术质量;德国地区性认证机构通过评估改进高校教学、指导高校内部质量保障机制建设;韩国工程教育认证委员会(ABEEK)开展工程教育认证,为工程教育类专业质量改进提供参考。二是吸引社会关注和理解高等教育。如《美国新闻与世界报道》杂志开展高等教育排名,引导社会各界关注高等教育,并向学生和家长提供高等教育可比性数据,供择校参考;美国佛罗里达大学人文与社会科学研究中心评选美国最佳研究型大学,帮助大学了解高等教育整个环境;英国的高等教育质量保证署(QAA)通过评估帮助公众理解高等教育;英国的《泰晤士报》和《金融时报》通过高校排名引导社会关注高等教育;澳大利亚大学质量代理机构通过推动审核评估向外界彰显高等教育质量保证。三是为政府部门管理提供资讯。如澳大利亚大学质量代理机构评估结果为政府提供资讯;加拿大校长联席会评估为政府监管学位质量提供信息参考;英国的《泰晤士报》和《金融时报》高校排名也为英国政府评判高等教育质量提供重要信息。四是为社会教育资源分配提供依据。如英国的高等教育质量保证署通过评估与认证为高等教育投资机构提供资讯;德国地区性评估和认证机构的评估与认证为政府绩效拨款提供根据;澳大利亚大学质量机构(AUQA)通过审核评估为政府资金资助提供参考;韩国大学教育协会通过大学排名为政府经费支援提供参考。五是行业自治。如美国高等教育认证协会(CHEA)负责协调和审核认证机构,指导认证机构提升质量。

(二)集权型国家社会类主体群体评估效用区

集权型国家社会类主体群体评估效用区主要集中在大学排名方面。如俄罗斯评级机构(RAEX)发布俄罗斯大学学科排名。

(三)合理授权型国家社会类主体群体评估效用区

合理授权型国家社会类主体群体评估效用区主要集中在推进质量改进和提供资讯服务方面。如日本大学评价及学位授予机构(NIAD)负责国立大学评估和质量改进,并承担大学学位授予职责,评估结果为学生、教师、企业等提供信息参考,也为教育资源分配、捐助等提供参考依据。

三、学校类主体群体评估效用区

分权型、集权型、合理授权型管理机制的学校类主体群体评估效用区存在差异。

(一)分权型国家学校类主体群体评估效用区

分权型国家学校类主体群体评估效用区主要聚焦于高校内部质量保障活动,或自愿参与社会类、政府类主体群体发起的评估项目而进行的自我办学质量改进实践。学校类主体群体评估效用产生主要有两种情况:一是高校自我评估的评估效用。如新西兰高校开展自我评估,自我保证办学质量,实现自我改进,强化大学资质和职责等;澳大利亚高校内部也组织开展院系评审并推动院系自评,开展学生评教和收集分析反映教育教学质量的数据,并反馈信息;美国高校内部的管理机构全面评估与再规划(APR)实践强调对高校内部执行的方案或计划进行审查和评估;加拿大高校内部审计评估,对高校内部运行、信息系统、政策执行等方面实施评估。二是高校自治组织的评估效用。如韩国大学教育协会作为非营利性民间组织,评估旨在增强高等教育责任感、协调高校之间的合作;英国大学协会评估支持各高校工作,并谋求提升高校办学质量。

(二)集权型国家学校类主体群体评估效用区

集权型国家学校类主体群体评估效用区聚焦于外部评估需要。马来西亚大学内部质量保障机构通过收集学校信息,形成自评报告供外部评估参考,通过自评改进学校办学活动。

(三)合理授权型国家学校类主体群体评估效用区

合理授权型国家学校类主体群体评估效用区聚焦高校改善教育活动、优化资源配置,提高教育质量和研究活动质量,争取社会理解和支持。

四、国际高等教育评估效用启示

要发挥各类主体群体的评估优势效用,实现各类主体群体评估效用各司其职、优势互补。一是充分发挥政府类主体群体评估在控制高等教育准入质量、人才培养基准质量、公共教育资源使用绩效以及优化支持性教育政策供给等方面的效用。二是有效发挥社会类主体群体评估在衡量同类高校质量水平、联结人才培养与行业产业发展需求、反映毕业生就业能力和持续发展、监督高等教育质量稳定性、向社会和用人单位证明教育质量等方面的效用。三是强化学校类主体群体评估在改进自身教育和研究活动质量水平、自证教育和研究质量水平、追求卓越办学目标等方面的效用。

第三节　我国高等教育评估效用结构

近年来,随着我国高等教育评估事业的发展,尤其教育"管办评"分离的实施,高等教育评估主体呈现多元化发展趋势,政府类、学校类、社会类主体群体不断发展壮大,各类主体群体在探索实践中发挥的评估效用也渐趋明显。

一、政府类主体群体评估效用区

我国高等教育政府类主体群体构成主要有三类,即教育行政部门、非教育的行政部门和教育行政部门所属专业机构,各类主体评估具有自身的评估效用区。

(一)教育行政部门高等教育评估效用区

教育行政部门主要包括教育部教育督导局、高等教育司、政策法规司、人事司、财务司、教材局、教师工作司、思想政治工作司、高校学生司、学位管理与研究生教育司、社会科学司等,以及地方教育厅(委)对应相关处室。教育行政部门高等教育评估效用主要集中在七个方面:一是督促高校规范办学。《教育部关于深入推进教育管办评分离 促进政府职能转变的若干意见》明确规定,"推进依法行政,形成政事分开、权责明确、统筹协调、规范有序的教育管理体制","引导和督促学校规范办学",同时出台系列高等教育质量文件和办学条件要求,并通过定期采集数据督导有关办学条件达成。二是引导提高办学质量。如通过高校教学质量年报和院校评估、专业评估认证、高等教育质量项目评估等,监控高校办学基本条件、专业人才培养体系、毕业生就业质量、学科建设质量等方面的短板与弱项问题,并督促高校限期整改问题。三是向公众提供教育信息。如每年向公众公布高等教育统计数据,对高校需向公众公开的信息做出严格规定,同时通过法定评估项目实施程序明确规定自评报告信息向社会公布。四是落实教育标准。如教育部通过本科院校教育教学(工作)审核评估、合格评估、专业认证、学科评估、学位点评估等项目,确保高校办学质量,明确国家对高等教育质量标准要求;同时地方教育行政部门通过地方性评估项目确立了高校适合地方高等教育发展水平的质量标准体系。五是常态监管教育质量。如国家层面建立了高校本科教育教学基本状态数据库、高等教育基层统计报表数据库,对高校办学条件和质量实施常态化监测;督查高校利用监测数据自审自改情况;部分地方教育行政部门也根据工作需要建立了高校专业建设、师资队伍建设、毕业生就业、学科建设状态等监测数据平台,推动高校在办学具体领域提高质量。六是提升办学绩效。如国家和地方教育行政部门对有财政资金投入的领域或项目实施资金绩效评价,提高资金使用的质量效益。七是督查问题整改情况。如国家和地方教育行政部门对评估中发现的问题建立整改督查机制,强化问责机制与整改落实,推动高校办学质量问题的实质解决。

(二)非教育的行政部门高等教育评估效用区

非教育的行政部门包括国家层面同高等教育相关的国家发展和改革委员会、财政部、人力资源和社会保障部、科学技术部等部门,以及地方政府层面相应的发展和改革委员会、财政厅(局)、人力资源和社会保障厅(局)、科学技术厅(局)等部门。国家和地方政府层面部分非教育的行政部门是高等教育办学的重要保障部门,因而在我国也是高等教育评估不可或缺的主体。非教育的行政部门评估对高等教育的效用主要聚焦于各自的职能职责范畴内。一是深化教育体制机制改革。如国家和地方发展和改革委员会通过督查评估推动高校内部和地方教育体制机制改革工作。二是繁荣人文社科与科学技术研究。如通过评估对高校哲学社会科学基地建设质量进行监管,推动高校技术创新和转化。三是强化高校人才高地建设。如通过人才体制机制改革评估强化高校人才队伍建设,推动高校科技研发和技术创新,提升高校服务国家战略需求能力。四是强化财政资金使用效益。通过高等教育重大财政资金项目绩效评价,推动高等教育项目(主要为教育教学和科研质量项目)财政资金投入的经济效益和社会效益提升。非教育的行政部门高等教育评估通常跟教育行政部门联合实施,较少单独对高等教育实施评估,因而其评估效用区通常也是多部门的共同作用区。

(三)教育行政部门所属专业机构评估效用区

开展高等教育评估的教育行政部门专业机构主要有教育部教育质量评估中心(原为教育部高等教育教学评估中心),以及地方教育行政部门成立的教育评估院(中心)、教育考试院、教育科学研究院等。近年来,教育行政部门专业机构评估已经成为我国高等教育外部质量保障的主要组成部分,其效用区主要有五个方面:一是推动高等教育质量持续改进。通过教育教学评估、专业认证、质量监测,推动高校办学目标与定位、师资队伍建设、专业建设、课程与教学、质量保障体系、教学改革与创新、招生与就业等方面的问题整改与质量提升,推动民办高等教育规范办学行为。二是为政府高等教育决策提供咨询。通过评估工作为教育行政部门和其他委托的行政部门提供教育管理决策咨询,为高校提高内部治理水平提供咨询。三是为社会了解高等教育提供资讯。向社会展示高等教育质量、专业办学质量、毕业生就业质量达到的水平,引导社会了解、关注、参与高等教育,并为学生和家长择校、用人单位选人用人等提供专业性资讯。四是推动高等教育质量保障体系建设。通过指导高校自评自建,推动高校加强内部质量保障体系建设,为高校内部质量保障体系建设提供方案和资讯,并通过政府赋权督促高等教育整改质量保障体系、发展质量保障文化。五是开展高等教育质量保障研究。推动高等教育评估研究与创新,致力于创建具有中国特色的高等教育质量保障理论。教育行政部门所属专业机构评估效用主要按照教育行政部门行政归属区域发挥作用,但随着近年来高等教育评估的市场化发展,一些地方所属专业机构实现了跨区域跨国委托性服务,高等教育评估国内大市场逐步形成,国际市场初步构建,地方专业机构评估效用区域和效用领域逐渐扩大范围。

二、社会类主体群体评估效用区

随着我国高等教育评估事业快速发展,政府购买第三方评估服务成为国家和地方在该领域的重要取向,高等教育评估加快了向社会开放的步伐,高等教育评估主体也逐渐走向多元。其中,政府购买第三方评估服务的对象除了部分教育行政部门所属的专业机构外,社会类主体也是其重要的选择对象,这些主体包括高校科研机构、企业型评估或科技公司、行业学会组织、社会团队等。社会类主体群体评估效用区倾向于按照市场机制寻求公众关注的热点话题择取,其主要集中在五个方面:一是揭示学科专业竞争力水平。如通过评估向社会各界提供有关高校的教学质量、科研水平及其在同类高校中的地位和影响力信息,推动高校之间学科点的竞争发展;致力于找到高校学科之间比较优势和现实差距;为教育行政部门、高校等的决策和管理提供依据,为社会了解和选择学校提供参考。二是揭示大学综合竞争力。如通过大学综合排名帮助学生、家长择校和择专业,为用人单位选人用人提供参考;同时致力于推动公众理解大学排名,推动学校进行全方位系统性自我剖析。三是揭示毕业生就业竞争力水平。如通过毕业生就业质量评价为高校、学生、家长择校择专业提供参考;为高校提供毕业生就业的比较优势和差距。四是诊断教育教学质量。如为高校改善专业人才培养质量、优化教育教学过程提供诊断与改进建议。五是反映供需关系。如通过评估反映高校人才供给与社会行业产业人才需求关系,帮助教育行政部门优化高校布局,帮助高校优化专业结构和人才培养规模结构。

三、学校类主体群体评估效用区

学校作为高等教育质量自我保证主体,是高校内部质量保障体系建设实际主体,是我国高等教育评估的自评主体,属于我国多元化评估主体群体的重要构成。学校类主体群体评估效用区主要体现在三个方面:一是推动内部质量持续改进。如高校通过教育教学质量常态化监测,开展自主性评估活动,发现工作中的不足,进行自我改进。二是推动教育行政部门标准转化为学生发展成果。如高校通过参与教育行政部门的评估项目,在自评自建中推动学校各方面工作达到教育行政部门的评估标准要求。三是提高社会声誉和信任度。如通过参与社会类主体第三方评估、专业认证与评估等,向社会证实高校办学质量,增进公众甚至国际社会对我国高校办学质量的理解和认同,提高高校的社会地位。

第四节 我国高等教育评估效用面临的问题

我国各类主体群体通过高等教育评估,对高等教育(或高校)不同方面产生了明显效用,且这种效用范围随着高等教育评估的发展而不断拓展和加深,推动着高等教育质量不断提升。尽管如此,从高等教育高质量评估体系建设出发,我国高等教育评估效用发展仍存在亟待解决的问题,即评估效用协同度低。其具体表现在下列六个方面。

一、评估效用结构性缺位

尽管政府类、学校类、社会类主体群体从自身工作或身份角色出发,在同维度或层面对高等教育产生了评估效用,但从评估效用的系统性分布来看,评估效用在评估专业性实践中满足与被满足的状态,仍然存在结构性缺位问题。

(一)高校管理者的管理增值型满足度低

在评估工作中,管理者在高校治理、高校发展等方面的发展效用不显著。无论是高校自我评估还是接受外部评估,其在高校管理者行事中更多是作为一项分内"工作"或一个"事件",而非一种"意义"或一种"追求"。两者的根本差别在于:前者是完成琐碎的、阶段性评估事务,重点在于处理评估规定的一项项任务,而不太关注这些任务背后的价值、思想或道理;后者则立足于特定价值追求,瞄准评估事务背后目的的达成或价值的实现,并作为评估实践者思想行为的价值取向或指导理念,从意识上指导评估实践者行为,推动高等教育办学问题的高质量解决。

(二)高校教师的专业成长型满足度低

评估工作在高校教师实践中属于参与度低、被动程度高的工作,通常被作为一项工作安排或分外工作来对待,其对教师成长的效用不显著。在某种意义上,评估被教师视为一种外在压力,当作"被监督""被检查""被考核"的"不良感受"事件,而非作为一种内生发展动力、专业成长和事业发展的有利机会。这两者的根本差别在于:前者仅是完成评估需要教师层面完成的工作,且这种工作更多倾向于"应付"做事,在评估实践中仅在局部事务领域或有限时间段内做形式上的改进;后者则是教师把评估外部要求转化为内生动力,主动寻求专业发展,理解评估的真正意图,积极在评估规定范围外投入更多精力,系统性提升专业发展能力,真正推动教育教学、科研创新工作的改进。

(三)高校学生的学习进步型获得感低

评估在高校学生实践中属于一种短暂的经历,在评估工作中,学生更多被视为一种评估信息源、极有限的参与者、教师或学校工作的配合者,而非作为评估的重要主体、深度介入者、学习革命的推动者和专业成长的建构者。这两者的区别在于:前者是学生把自己作为被评估对象,成为被监管、被审核的主体或仅仅是评估信息的载体,成为被动参与者而站在学校或教师视角来对待评估事务,成为学校或教师评估工作的延伸主体;后者是学生把自己作为评估主体,成为学习的自我评估主体和学校工作的利益相关者评估主体,主动反思学习问题、强化学习变革,积极在评估工作中向学校争取更好的学习环境和机会,成为学习评估和教学评估的积极建构者。

(四)用人单位的决策参与型满足感低

高等教育作为高素质人才、科技成果等的重要供给源,是满足社会各领域用人单位需求的重要主体,而用人单位也就成为高等教育的重要利益主体。尽管社会类主体群体对高等教育发挥了评估效用,但这种效用仅是少量的企业型评估机构作用于高等教育的效用,而非社会广泛的用人单位主体直接作用于高等教育的评估效用。从现实实践来看,用人单位更多是高校办学的有限参与者,是高校毕业生、科研成果和社会服务项目的消费者,而非高校评估的广泛诊断主体、高校毕业生和科研成果产出的建构者、社会服务项目的合作供给者。其两者的差异主要体现在:前者将自身作为评估的旁观者和贡献者,没有将评估推动高等教育发展的利益同自身利益相联系,并未成为高等教育评估的既得利益者;后者是用人单位将评估作为自己的事业,将评估视为与自身利益休戚相关的事情,是高等教育评估内部主体和深度参与者,是在高等教育人才培养、科学研究、社会服务等领域主张自身利益的维权者和建构者。

(五)行业产业的价值型满足感低

行业产业作为高等教育人才培养、科技研发、社会服务的主要输出对象,是高等教育的重要利益主体。尽管行业产业在政府类或社会类主体群体评估高等教育时参与或介入了,但其参与时间少、介入程度低、缺乏专业性训练,对高等教育服务行业产业发展能力的提升贡献不大,以及自身通过高等教育评估获得的利益明显偏少。从当前我国高等教育评估效用来看,行业产业评估效用缺位是高等教育评估发展的重要短板之一。一方面,行业产业在高等教育评估中主要以个人身份或视角参与,而非以行业产业代表身份参与,其在推动高等教育发展中主要趋向于个人经验判断,而非立足于整个行业产业发展需要理性地分析高等教育发展问题。另一方面,高等教育评估邀请行业产业的参与主要是基于高校办学需求或评估工作需要,而较少考虑行业产业参与高等教育评估的内在价值,以及行业产业评估高等教育的获得感和满足感。因此,行业产业的高等教育评估效用并未得到彰显。

(六)教育行政部门的领导型满足感低

教育行政部门在高等教育评估中发挥着至关重要的作用,推动着国家要求或标准在高等教育的落实。尽管如此,教育行政部门对高等教育评估的效用发挥并不能完全适应高等教育的高质量发展需要。教育行政部门的评估效用属于监管效用,即通过评估强化教育行政部门的管理职能与角色定位,规范高校的办学行为,推动政府部门对高校办学的要求在高校办学实践中得到落实,因而其产生的评估效用主要是约束型、制约型。随着我国高等教育规范性发展水平越来越高,教育行政部门对高等教育的评估效用亟须追求领导型效用,这种效用旨在引领高校形成可持续发展机制和良好生态,在高校高质量发展方面提供更多的信息服务、有效的决策建议、优质的教育资源配置、全局的资讯信息等,而这正是当下教育行政部门评估效用的短板。

(七)评估专家的双赢型获得感低

高等教育评估双赢型效用主要指评估主体与受评对象因评估实践而获得共同发展的效果,即评估供给侧主体与评估需求侧主体均在评估实践中获得了期望的发展,且两种发展之间相辅相成、相互增益。在当前的高等教育评估效用中,评估专家通过评估实践仅获得单赢效用,即评估仅对评估对象发展发挥了单向推动作用,而对评估专家自身发展缺乏效用,并制约了评估专家对所在高校发展产生增值性效用。评估专家评估实践形成的高校单赢效用主要源自评估专家自身的高位设定,即评估专家是高校办学的指导者或"医生",是专家型办学者,其倾向于诊断和指导高校如何办学,因而其效用主要是向高校输出经验,推动高校健康发展。在这种专家身份设定下,专家通过评估高校而在经验方面得到增长并推动自身本职工作水平得到提升,但这些不在评估效用考虑范围之内,因而在实践中并没有相关显著效用。

二、评估效用内卷性耗损

所谓评估效用内卷性耗损,主要意指高校评估实践中不同评估效用之间或同一种评估效用在持续发生过程中出现的、逐渐明显的效用消减现象,以及这种消减给高校发展带来的消极影响,或一种效用致使另一种效用退减。我国高等教育评估效用内卷性耗损主要表现在下列三个方面。

(一)同主体评估项目间效用耗损

同主体评估项目间效用耗损主要指同一类主体开展的不同高等教育评估项目之间在效用上发生相互耗损,或效用间发生消极影响。在当前高等教育评估中,此类耗损至少有三种形式存在:一是评估项目间效用叠加致使效用总量降低。此类效用耗损主要出现在评估范围较广与评估范围相对较窄的评估项目间,因产生评估效用叠加而降低了评估效用总量。在政府类主体群体实施的项目中,院校类评估通常覆盖了专题性评估项目的效用,如院校评估与专业评估认证、师资评估、实践基地评估、课程评估等项目之间存在评估效用覆盖现象。二是评估项目间效用交叉致使效用总量降低。同类主体评估项目间存在效用交叉问题,主要出现于政府类主体多部门实施的多口径评估项目中。例如民办高校每年需参加民办高校年检,既强化民办高校规范办学行为又强化民办高等教育质量,同时,符合条件的民办高校又要参加本科教育教学审核评估,其主要关注民办高校教育教学质量,两者之间存在评估效用区重叠,致使两类评估项目间效用消减。三是评估项目间效用互斥致使效用总量降低。同类主体评估项目间同样存在效用互斥现象。所谓评估项目效用互斥,主要指评估项目对高校办学质量的要求存在互相不一致问题,从而导致高校办学质量衡量标准参差不齐。如不同部门实施的高等职业教育评估监测对师资队伍统计口径、统计类型要求不一致;对毕业生就业数量和质量统计要求不一致。

(二)评估项目内部效用自耗损

评估项目内部效用自耗损主要指同一评估项目在不同阶段或周期实施过程中,利益相关主体满足感或获得感消减,从而引发项目评估效用减弱。在当前的高等教育评估实践中,评估项目内部效用自耗损主要有两种形式:一是评估项目时间性效用耗损。所谓时间性效用耗损主要指评估项目因实施周期长,或同一评估项目反复实施,导致各类利益主体出现倦怠感,从而致使利益主体从评估效用中获得的满足感或获得感降低。如在高等教育评估实践中,高职院校人才培养工作评估因实施周期长或反复实施,参与高校或专家、评估组织者出现懈怠或积极性消退;本科工程教育类专业认证、师范类专业认证等因在高校反复实施于不同专业,从而导致高校的积极性、重视程度以及反复实施后对高校发展的推动力等都出现消退。二是评估项目空间性效用耗损。所谓空间性效用耗损主要指评估项目因不断扩充其内容或容量,致使利益主体付出感与收获感出现逆差,从而导致利益主体满足感下降或行动消减。如在高职院校适应社会需求能力评估中,高职院校付出大量时间或精力采集数据信息并形成自评报告,但评估信息按照层级自下而上报送,却没有形成自上而下的回应,从而导致高职院校、地方教育行政部门或专业评估机构的积极性减退,从实施中获得成效越显微弱;在师范类专业认证中,随着认证范围的扩大,高校认证工作量和专家评审工作量增加,但是其工作质量和深入程度却逐渐递减,从而导致专家获得感低、专业改进缓慢。

(三)不同评估项目源效用耗损

不同评估项目源效用耗损主要指不同类型评估主体间发起的评估项目的效用之间出现的相互消耗、抵消等现象。不同评估项目源效用耗损主要有三种形式:一是评估效用层级性耗损。评估效用层级性耗损主要指同一类评估项目因实施评估主体不同,致使权威性评估主体评估效用降低的现象。例如,在师范类专业认证中,第三级师范类专业认证对第二级师范类专业认证效用的消减;国家层面机构实施的第二级师范类专业认证效用对地方层面评估机构实施的第二级师范类专业认证效用的消减;在第三方实施的本科教学工作审核评估中,地方教育行政部门组织实施的本科教学工作审核评估效用对高校自行组织实施的本科教学工作审核评估效用的消减;全国性专业机构实施的学科专业排名评估对地方机构实施的地方性学科专业排名评估效用的消减。二是评估效用相关性耗损。评估效用相关性耗损主要指不同评估主体对高等教育相同领域实施评估或在评估内容交叉领域,发生的评估效用抵消或消减现象。如师范类专业认证、工程教育专业认证同本科教学工作审核评估在专业层面或质量保障领域存在交叉性内容,其在建设质量标准要求和持续改进方面存在不一致性要求,或重复性要求;社会类主体群体实施的高校学科专业排名评估同本科教学工作审核评估和教育部实施的学科评估在价值取向或方向引领方面的不一致,导致高校获得感或满足感的削弱。三是评估效用叠加性耗损。评估效用叠加性耗损主要指不同评估主体在高等教育相同领域实施的重复性评估效用而带来的评估效用耗损。如本科教学工作审核评估同本科类专业认证在课程试卷、毕业论文、师资队伍等方面的重复性效用。

三、评估效用偏移性错位

评估效用偏移性错位主要指政府类主体、社会类主体、高校类主体在实施评估项目的过程中,在供给侧满足与需求侧满足方面存在的不一致或不协调现象。这种评估效用偏移性错位导致高等教育评估效用难以形成最佳的评估效用结构,致使高等教育评估服务用大量成本仅获得少量的需求满足。评估效用偏移性错位表现为下列三种形式。

(一)评估效用供给与高校效用需求错位

评估效用供给是政府类、社会类和高校类主体群体提供的评估服务项目可以给高校发展带来的满足感;高校效用需求主要指高校根据自身办学状况和发展取向而需要通过评估产生的满足感。所谓评估效用供给与高校效用需求错位主要是指各类主体群体预设的高等教育评估效用与高校实际需要的评估效用间的不一致。例如,新一轮本科教育教学审核评估中,尽管提出了分类评价方案,其中第一类强调"针对具有世界一流办学目标、一流师资队伍和育人平台,培养一流拔尖创新人才,服务国家重大战略需求的普通本科高校",第二类针对"高校的办学定位和办学历史不同"分为以学术型人才培养和以应用型人才培养为主的两种类型,但其选择评估标准的条件与不同高校的具体情况并不完全一致。个别高校期望部分专业以学生型人才培养为主,部分专业以应用型人才培养为主；还有部分高校尽管属于新建本科院校但其起点高，瞄准着学术型人才培养或世界一流大学建设目标，从而出现可供选择的方案同高校实际需求的错位，进而导致预设的评估效用区与高校实际需要的评估效用区间的偏差。社会类主体群体开展高校学科专业排名中强调的高校学科专业关键绩效领域与高校学科专业系统性建设领域存在不一致。地方教育行政部门开展的专业评估中，人才培养目标与要求定位同高校专业实际人才培养目标与要求定位也不一致。

(二)评估效用取向与评估主体角色错位

评估效用取向主要是指政府类、社会类、学校类主体群体欲通过评估实践活动所满足的需求或欲望类型；评估主体角色主要指政府类、学校类、社会类主体群体因各自身份，在高等教育质量保障体系中肩负着不同的职能职责，扮演着不同的角色。评估效用取向与评估主体角色错位主要表现为评估主体追求的评估效用与自身角色定位的不一致或不协调。例如，政府类主体作为公益性机构和公众利益的守护者，其评估效用应倾向于促进高校满足受教育者的受教育权益，作为管理者应严格落实国家规定的高等教育质量标准；但在评估实践中，政府类主体群体实施的评估项目更多关心用人单位的需求或高校自身内部治理体制机制，甚至专业人才培养目标和毕业要求、师资队伍建设等办学问题，这在某种程度上偏离了自身角色与定位。社会类主体群体作为生产、建设、管理、实践各领域人群的代表，应着眼于推动高校办学满足用人单位需求和行业产业发展对人才的需求；但在实际评估实践中，社会类主体群体更多关注高校之间的办学条件和成果差异，较少关注用人单位或行业产业领域对人才的需求。

(三)评估效用标准与评估主体需求标准错位

评估效用标准主要指政府类、学校类、社会类主体群体通过评估实践活动满足高校办学需求或欲望的标准；评估主体需求标准主要指政府类、学校类、社会类主体群体欲在评估实践中实现的需求满足标准。评估效用标准与评估主体需求标准的错位则是指政府类、学校类、社会类主体群体提出的评估效用标准与相关主体实际需求的效用标准不协调或不一致。例如，本科教育教学审核评估对师资队伍质量标准要求同高校实际办学所需要的师资队伍质量标准需求的不一致；学科评估中教学与科研平台质量要求同地方高校教学与科研条件质量需求的不协调,如第五轮学科评估指标中强调"国家级教学与科研平台数",而地方应用型高校实际办学中更强调适应本校专业教学需求和科研水平的办学条件或平台,更强调校企合作、产教融合型办学条件,而非纯粹追求平台级别。

四、评估效用他律性束缚

所谓评估效用他律性主要指在高等教育评估实践中,特定主体评估效用受到其他主体的约束或控制现象。他律性评估效用对高等教育评估实践既可能发挥积极影响,也可能发挥消极影响。他律性评估效用的积极影响主要指评估效用的他律性有助于推动特定主体评估效用与其他主体评估效用的协同;他律性评估效用的消极影响则主要指评估效用的他律性使特定主体评估效用难以充分发挥自身优势和作用,无法使利益主体获得最大程度的满足。他律性评估效用束缚则主要指他律性评估效用呈现的消极影响。高等教育评估效用他律性束缚主要体现在下列三个方面。

(一)制度性他律束缚

高等教育评估效用的制度性他律束缚主要指源于外部高等教育评估制度因素而对评估效用的消极性限制。制度性他律束缚在我国高等教育评估实践中时有发生,其主要表现在政府类、学校类、社会类主体群体在评估服务供给上受到政策制度的制约而难以实现最佳的评估效用结构。一是政府类主体群体评估效用限制。政府类主体主要定位于"管理"而非"评估",而在政府类主体内部,评估实行归口管理,教育行政部门有专门的部门负责管理评估,其他职能部门原则上不发起评估,这样评估就难以满足政府类主体管理需求、社会类主体参与评估和办学需求以及学校类主体承担办学需求。二是社会类主体群体评估效用制约。我国高等教育评估相关政策文件鼓励社会参与评估,但是社会类机构尤其企业型评估机构参与高等教育评估的资质准入问题并未得到法规确认,其规范性也缺乏监督,在参与高等教育评估的领域上仍受到限制,因而社会类主体群体通过评估实践使自身得到满足或使高等教育获得满足的程度偏低。三是高校主体评估效用制约。高校作为高等教育质量保障的第一类主体,既是教育质量生产者又是教育质量保证者和举证者,但高校自我评估的客观公正性以及其他利益主体的认可度并未在制度上予以保障,因而高校自我评估或质量自我举证效果偏弱,其自我评估的自我需求的满足度偏低。

(二)条件性他律束缚

高等教育评估效用的条件性他律束缚主要指特定主体因条件性因素制约而对高等教育评估效用产生的消极性限制。条件性他律束缚在当前高等教育评估效用他律性束缚中主要表现在三个方面:一是政府类主体群体条件性他律束缚。政府类主体群体属于高等教育外部质量保障主体,其外在于高校办学实践,对不同高校内部运行及其具体办学情境缺乏深入了解,因而难以真正实现"一校一策"的需求性评估,其必然从高校办学的常规性、一般性意义的需求等方面来确立评估项目,进而只能从一般意义上满足高校和其他利益主体的需求,难以全面满足特定高校具体的办学需求。二是社会类主体群体条件性他律束缚。社会类主体群体作为高等教育外部质量保障主体,既外在于高校办学实践又缺乏公共手段了解高校办学实际,因而其评估实践可获得的信息数据资源匮乏,在满足高校以及其他利益主体需求方面受到较大限制。三是学校类主体群体条件性他律束缚。高校作为高等教育的内部质量保障主体,具有熟悉办学实践、了解办学具体需求的先天优势,但其缺陷在于难以掌握全国或地区高等教育信息数据,尤其难以掌握同类高校或竞争高校办学状态,也对社会和政府层面对高校办学的需求缺乏深度认知,因而尽管自我评估能针对自身办学需求实施,但是其评估对政府类、社会类主体群体需求的回应受到较大限制。

(三)机制性他律束缚

高等教育评估效用的机制性他律束缚主要指特定主体因评估机制性因素制约而对高等教育评估效用产生消极性限制。机制性他律束缚是高等教育各类评估主体在体制机制运行方面相互制约或相互作用的负面影响,其表现在三个方面:一是政府类主体群体管理机制束缚。政府类主体群体作为高等教育管理者,是高等教育资源的主要供给者和配置者,其评估效用在某种程度上既能满足管理需求又能满足高校办学需求和社会参与高等教育需求,具有管理性权威,但其往往忽视专业性权威,其评估实践通常给高校办学带来功利性效用,给社会了解高校办学带来依赖性效用,在某种程度上主导或压制其他两类主体的评估效用。二是社会类主体群体参与评估机制束缚。社会类主体既是高等教育评估的参与者也是高校办学的介入者,社会类主体群体从自身旨趣出发通过评估满足学校类主体群体,甚至政府类主体群体在高等教育事务上的需求。其通常被赋予第三方评估主体身份,相对于政府类主体群体和学校类主体群体具有更强的自由性和探索性,往往通过鲜明的评估结果和广泛的媒体发布渠道对高校办学发生牵引效用。部分高校为了取得第三方评估的社会性认可而关注第三方评估的指标,进而在办学上产生迎合性效用。三是学校类主体群体自我保证质量机制束缚。高校作为第一质量主体,其办学资源获得需要依赖政府类主体的资源配置和社会类主体的广泛认可。自我保证质量机制往往倾向于证明政府类主体群体评估效用区和社会类主体群体评估效用区的达成程度,更易将其他利益主体群体评估效用作为自身的评估效用区,从而产生对政府类、社会类主体群体的评估效用依附,把政府类主体群体管理需求和社会类主体群体利益需求作为自身办学需求,从而失去质量生产者和质量保证主体身份,丢失自身评估效用的内在价值。

五、评估效用低位性发力

高等教育评估效用低位性主要指高等教育评估行为满足于高校或其他利益主体需求或欲求的低端性。评估效用低位性发力则是指高等教育评估项目瞄准的评估效用区主要是高等教育低端层次的需求或欲求。评估效用低位性发力不利于高等教育评估推动高等教育高质量发展的需求。从当前我国高等教育评估实践来看,评估效用低位性发力主要表现在下列三个方面。

(一)评估效用发力定位低位

评估效用发力定位是指评估行为瞄准的需求或欲求类型所处的层次。评估效用发力定位取决于评估实践试图在何种层面推动高等教育发展到何种高度。就此而言,当前我国高等教育评估效用偏低现象体现在:一是绝大多数高等教育评估效用定位仅仅局限在国内水平甚至国内同类高校水平,是内部竞争或资源的内部争夺,如对应用型高校教育教学工作评估、学科专业评估、毕业生就业质量评估、社会服务类评估等。仅有"双一流"大学评估或高水平研究型大学评估才瞄准高等教育国际竞争需求。二是高等教育评估效用局限于过去或当前高等教育发展水平,对高等教育未来的发展潜力关注不够,从而导致评估效用对高校发展的未来需求满足度偏低。如评估效用局限于高校满足当前评估指标的刚性要求,而忽视了高校可持续、高质量发展的需求,对高校发展的生态化环境需求关注少。

(二)评估效用发力范围低位

评估效用发力范围主要指评估聚焦的高等教育需求或欲望的内容类型。评估效用发力范围低位则是指高等教育评估主要关注高等教育的低端需求或欲望内容,而对高等教育高质量发展的更高水平需求或欲望内容关注不足。其主要表现在三个方面:一是不适宜地聚焦办学基本条件。评估本身并不会带动高校办学基本条件的改善,或者说评估关注办学基本条件方面的效用并不会直接给该校带来办学条件的满足,其主要满足了教育行政部门的监管需求;而我国高校办学基本条件水平更多取决于高等教育资源投入水平和高校招生规模,以及行业产业对各类人才的需求水平,因而评估改善高校办学基本条件尤其公办高校办学基本条件方面通常难以真正发挥作用。二是不合理地聚焦高校内部治理能力。不同类型主体的评估效用范围应有所不同,通常情况下,高校内部治理能力主要是高校内部评估的效用区,也是高校内部主体的主要评估效用区;而外部评估应主要关注高校作用于外部的能力水平,其应是外部主体的主要评估效用区;评估主体的不合理评估效用区选择也是评估效用低端发力的重要表现。当前,我国政府类和社会类主体群体评估主要把提升高校内部治理能力作为评估效用重点,其在某种意义上并没有立足于外部评估应有的效用范围重点,而表现出低端的效用范围取向。三是局限于内部评估信息数据诊断。高校外部评估和内部评估都主要聚焦高校内部办学信息数据,而评估效用也主要倾向于高校内部办学信息数据得到有效改善,其评估效用范围主要瞄准外部督促和监督作用,从这种意义上讲评估并未给高校内部办学信息数据增值带来更多价值。

(三)评估效用发力成效低位

评估效用发力成效主要指高等教育评估带给高等教育需求或欲求的实际满足程度。评估效用发力成效低位主要是指高等教育评估满足高等教育利益主体实际需求或欲求的程度偏低,而这种程度偏低具有相对性,且在不同阶段或区域具有不同的表征。一是外部评估未能有效激发利益主体的更高发展需求。例如,在社会类主体群体学科专业排名评估中,评估仅刺激了高校去关注其排名位置的升降,并将其视为社会声誉的重要标志,而未引申出高校的内涵建设和未来发展布局上的更高需求或愿景;政府类主体群体评估的部分项目主要着眼于评估指标或标准规定内容的达成,而较少关注评估指标或标准规定内容之外延伸性发展需求的满足。二是内部评估未有效满足利益主体的更高发展需求。内部评估更多倾向于聚焦外部评估关注的效用领域,满足自身发展定位或办学愿景需求的评估实效偏少,被外部评估主体牵引的评估效用成效居多,而立足于外部评估效用产生的具有校本特色的评估实效偏少。三是内部与外部评估未在满足利益主体更高需求上形成合力。高校内部评估作用成效与高等教育外部评估作用成效之间缺乏协同创新型成效,往往外部评估效用容易走向"偏害共生"或"偏利共生",即内部评估效用不仅没有在真正意义上达成外部评估效用,反而将外部评估正面效用转为负面效用,或外部评估不仅没有推动内部评估效用的有效达成,反而抑制了其有效达成。

六、评估效用片面性布局

评估效用片面性主要指评估实践立足于高等教育局部的具体需求或欲求的满足,较少考虑不同利益主体之间或同类利益主体不同需求或欲望之间的系统性满足,从而在评估实践上呈现要素性的、片段化的、局部性的效用,其不仅不能有效满足高等教育利益主体的最大需求或欲求,反而降低了利益主体局部需求或欲求的满足程度。评估效用片面性布局主要表现在下列三个方面。

(一)评估效用孤立性

高等教育评估效用孤立性可以看作"孤立效应"在高等教育评估效用领域的具体表现。"孤立效应"是卡尼曼(Kahneman)和阿莫斯·特沃斯基(Amos Tversky)在前景理论中提到的一种效应,即如果个人面临不同前景选择时往往会忽视所有前景的共同部分。在高等教育评估领域,当政府类、学校类、社会类主体群体对高校办学开展种类繁多的评估实践时,这种"孤立效应"也有所显现。不同评估项目寻求自身的特色性或独特性,更多关注评估项目的差异性效用,从而导致不同评估项目的效用呈现孤立性特征。这种特征主要表现在两个方面:一是评估效用分块。即不同评估项目之间显现的效用相互割裂,彼此之间缺乏有效衔接或呼应。如专业评估效用仅仅孤立地满足利益主体对专业发展的需求或欲求,而较少把专业评估放在学科或高校发展视域下来满足专业发展的需求或欲求;院校评估则主要孤立地满足利益主体对院校层面的需求或欲求,而较少考虑满足专业或学科等更为微观层面的需求或欲求。二是评估效用分流。即不同类型主体群体之间开展的评估效用彼此分离,较少彼此关照,从而在评估效用选择上各自为政、各行其道。如社会类主体群体的院校或学科专业排名评估均着眼于位次,习惯于用清晰的结果或方式标示出优劣,满足利益主体比较性需求;政府类主体群体的评估倾向于满足确定高校办学符合国家政策要求程度的需求;学校类主体群体的评估倾向于满足高校内部自我管理的需求。不同类型主体群体的评估效用之间的内在联系却较少被关注或考虑。

(二)评估效用本位性

高等教育评估效用本位性可看作评估主体在评估实践过程中本位主义思想在评估效用领域的具体表现。所谓本位主义,主要指在工作实践中行动者只顾本体利益,而忽视系统或整体利益。在高等教育评估中,由于不同类型主体的相互独立性,其实施的评估项目主要是从自身身份、角色或职责出发而采取的行动,因而带有明显的本位主义特征。评估效用本位性特征主要表现在三个方面:一是评估效用定位单向性。定位单向性指具体主体在评估行为满足需求上主要指向自身的旨趣或职能职责需求。如社会类主体群体评估行为预设满足的需求主要就是自身研究旨趣或自身捕捉到的、认为有价值的需求;学校类主体群体评估行为预设满足的需求尽管受外界影响,但也是从自身办学实际情况出发确定认为有必要通过评估满足的需求;政府类主体群体评估行为预设满足的需求也是根据管理需要而确定的需求。二是评估效用内容单面性。内容单面性主要指评估效用需求满足的单方面性。如社会类主体群体评估效用是社会类主体认为社会参与高等教育需要满足的需求或自身需要满足的需求;政府类主体群体评估效用是政府类主体群体认为高等教育管理需要满足的需求或认为其他利益主体可能的需求。三是评估效用价值单维性。评估效用价值单维性主要指评估效用满足的需求主要是实施者的需求。如社会类主体群体评估满足的需求仍然是社会类主体群体持续发展或扩大影响的需求;政府类主体群体评估满足的需求仍然是履行管理和监督职责的需求;学校类主体群体评估满足的需求主要是自身应对外部评估或自身发展的需求。

(三)评估效用离散性

高等教育评估效用离散性可看作评估主体在评估实践过程中新自由主义在评估效用领域的具体表现。新自由主义强调自我实现,这种自我实现在高等教育评估实践中导致高等教育评估效用的离散性。高等教育评估效用离散性表现在两个方面:一是评估效用布局自由化。评估效用布局主要指不同类型主体群体或同一类型主体群体发起的高等教育评估项目瞄准的高等教育利益主体需求满足的区域分布。评估效用布局自由化主要指各类高等教育评估项目瞄准的评估效用由各类主体根据需要自由设定,不同类型主体群体之间或同一类型主体群体评估项目之间缺乏必要关联或关联度较低。例如,政府类主体群体评估效用区覆盖面最广,几乎涵盖高校办学的各个领域,但政府类主体群体内部不同部门实施的评估项目的效用缺乏必要的系统性布局,其各自根据工作需要自主决策;社会类主体群体实施评估项目的效用之间存在非必要交叉,就同类学科专业排名而言就存在多种实施主体关注学科专业不同的关键绩效区,其排名效用取向上存在明显差异等问题。二是评估效用内容松散化。评估效用内容是指同一个评估项目满足高等教育利益主体需求的系列因素,评估效用内容离散化是指部分评估项目效用因素之间系统性缺失,满足不同利益主体的需求存在点上孤立、面上松散的问题。如部分评估主体实施的高等教育评估因存在数据获取困难或数据获取工作量大、项目效用容量有限等问题,并不在同一评估项目中系统性满足某类主体群体的需求,而是择其便捷性效用或利益主体最为关切的需求点进行满足。

第五节 我国高等教育评估效用协同路径

我国高等教育评估效用协同需要以我国高等教育评估效用问题解决为基础,立足我国高等教育评估文化,借鉴国际高等教育评估效用布局经验,以有利于我国高等教育高质量发展为宗旨,以实现高等教育评估效用结构最优化为目标,优化不同类型主体群体专有性评估效用和联结性评估效用的关系结构,完成高等教育评估效用系统协同化再构。

一、效用共赢：融合效用愿景专有与联结

评估效用共赢是政府类、学校类、社会类主体群体协同评估高等教育在效用愿景方面的结构表征。政府类主体群体评估效用愿景、学校类主体群体评估效用愿景和社会类主体群体评估效用愿景的特性及其彼此间的关系构成高等教育评估效用的实践结构。正如美国学者格里芬（D.R.Griffin）所言，每个人都彼此内在地联系着；因而每个人都内在地由他与其他人的关系以及他所做出的反应构成，所以政府类、学校类、社会类主体群体评估效用愿景既专有又联结则是共赢性评估效用的主要结构状态。一方面，专有性评估效用愿景主要表现评估主体群体个性。即政府类主体群体评估效用愿景含有的专有性评估效用愿景重在满足政府监管高等教育的特有需求；学校类主体群体评估效用愿景含有的专有性评估效用愿景重在满足高校自主办学的特有需求；社会类主体群体评估效用愿景含有的专有性评估效用愿景重在满足行业产业发展的特有需求。另一方面，联结性评估效用愿景主要表现各类主体群体共性。即政府类主体群体评估效用愿景含有从监管方融合学校类与社会类主体群体专有性评估效用愿景的愿景；学校类主体群体评估效用愿景含有从办学方融合政府类和社会类主体群体专有性评估效用愿景的愿景；社会类主体群体评估效用愿景含有从行业产业方融合政府类和学校类主体群体专有性评估效用愿景的愿景。其中，专有性评估效用愿景保证政府类、学校类、社会类主体群体追求发挥自身资源能力优势和符合自身职责的评估效用；联结性评估效用愿景保证政府类、学校类、社会类主体群体实现彼此评估效用愿景的统整融合；两者有机结合构成政府类、学校类、社会类主体群体评估高等教育效用愿景的共赢性结构。

二、循流耦合：创构评估效用协调共享机制

实现评估效用协调共享的路径至少包括：一是通过"循流溯源"过程解析政府类、学校类、社会类主体群体专有性与联结性评估效用愿景。即从社会文化出发，以教育政策法规为准绳，鉴别并系统化整理政府类、学校类、社会类主体群体在高等教育领域须履行的职责和发挥的功能；从学理和实践层面探寻政府类、学校类、社会类主体群体有效履行职责和发挥最优功能应有的高等教育评

估需求;列出政府类、学校类、社会类主体群体须在高等教育评估中具体解决的过程性、关联性问题;分析政府类、学校类、社会类主体群体有效解决高等教育评估问题必须采取的、相关联的实践行动;列出衡量政府类、学校类、社会类主体群体评估实践行动有效性的客观判断标准;关联评估实践行动及其衡量标准,系统、准确表述政府类、学校类、社会类主体群体评估高等教育的专有性和联结性评估效用愿景系统。二是通过"动态耦合"过程创生政府类、学校类、社会类主体群体评估效用愿景动态契合机制。[1]即建立政府类、学校类、社会类主体群体评估目的共通机制,精准定位专有性评估效用愿景系统的互斥性因素和联结性评估效用愿景系统的互缺性因素,并将其视为三类主体群体须协作解决的共同问题;将政府类、学校类、社会类主体群体联结性评估效用愿景的互缺性因素纳入彼此的联结性评估效用愿景,使任何一方联结性评估效用愿景都能适应他方专有性评估效用愿景的变化;促进政府类、学校类、社会类主体群体对任何一方专有性评估效用愿景变化所引发的专有性评估效用愿景互斥性因素进行自主调适,其中不良变动引发的互斥需矫正主动方的评估效用愿景,良性变动引发的互斥需推动被动方评估效用愿景主动调适;定期诊断政府类、学校类、社会类主体群体的专有性和联结性评估效用愿景的平衡性,从而辅助前序环节的循环运行。

三、关系—集体响应:返归主体群体评估效用本真

高等教育评估要追求政府管理高校、高校自主办学、教育服务行业产业发展的效应最大化,就应在评估效用预设方面秉持"关系—集体响应"理念。正如布迪厄所言,"在社会世界中存在的都是各种各样的关系",[2]高等教育作为社会世界的典型活动,也是关系的产物,其评估就应从关系论的"关系视角"出发,将高等教育看作政府管理高校、高校自主办学和社会行业产业发展交互作用的关系体,而政府类、学校类、社会类主体群体持有的高等教育评估就应适应这种关系体,协同发挥最大化响应政府管理高校、高校自主办学和社会行业产业发展

---

[1] 董小平.创新高等教育协同评估机制[J].中国高校科技,2019(09):30-33.
[2] 皮埃尔·布迪厄,华康德.实践与反思——反思社会学导引[M].李猛,李康,译.北京:中央编译出版社,1998:133.

需求的效用。具体而言,政府类主体群体评估高等教育效用既应响应特有的监管目的,又应响应具有关联性的高校自主办学需求和社会行业产业发展需求;学校类主体群体评估效用既应响应体现自身主体性的办学目的,又应响应具有关联性的政府管理高等教育效用和社会行业产业发展需求;社会类主体群体评估高等教育效用既应响应服务行业产业自身发展需求,又应响应具有关联性的政府管理高等教育需求和高校自主办学需求。只有通过政府类、学校类、社会类主体群体评估高等教育效用间彼此关照、互补互融,才能实现三类主体群体评估效用一体化和三类主体群体评估需求满足最大化。①

四、问题消解:生成评估效用同频共振结构

实现政府类、学校类、社会类主体群体的专有性和联结性评估效用同频共振,需重点消解评估效用结构性问题。一是补充评估效用主体性要素。在评估效用预设中,强化高校管理者管理质量增值型效用、教师职业发展赋能型效用、用人单位育人路径前置型效用、教育行政部门专业权威增能型效用、行业产业育人资源供给型效用。二是消解评估效用区"内卷"。根据实践逻辑和学术逻辑,系统规划评估项目效用区,实现评估项目间同类评估效用区的归一化和同向性;遵循评估项目效用区衰减规律,实现评估项目效用区迭代更新和量出为入。三是强化评估效用区精准对接。推动各类主体群体评估服务效用预设与高校需求无缝对接;提高各类主体群体评估效用定位与评估主体角色匹配度;推动各类主体群体持有的评估效用标准同高校办学需求与欲求标准同频共振。四是健全评估效用自律性机制。优化调整政府类、学校类、社会类主体群体发挥评估效用的制度设计,在机制上保证各类主体群体评估效用发挥实现各司其职;推动影响评估效用的条件性因素互联,实现各类主体群体的条件性评估效用优势互利共赢;从机制上消解政府类主体群体管理性机制效用、学校类主体群体参与性机制效用、社会类主体群体自我保证质量机制效用的消极牵引,建立更加开放、合作的三类主体群体评估效用牵引机制。五是强化评估效用高端发力。瞄准高等教育强国战略,强化评估效用服务世界一流高校建设或世界同

---

① 董小平.创新高等教育协同评估机制[J].中国高校科技,2019(09):30-33.

类高校中的一流高校建设,着眼高校未来发展潜能;科学规划评估效用作用范围,优化评估效用内部结构要素;科学规划内外部评估效用区,充分利用外部大数据实现评估效用增值;推动外部评估激发高校更高发展需求,内部评估满足高校更高水平的自主发展需求,形成内外合力。六是实现评估效用整体性布局。强化三类主体群体间评估效用的关联性和整体性,强化评估效用间的联系性效用;消解中心化评估效用惯性,增强不同类型主体群体评估效用定位的多向性、评估内容的多面性、评估价值的多维性;强化各类主体群体间、不同评估项目间评估效用的布局统筹性,强化评估效用内容紧密联结。

第四章

高等教育评估主体共同体创建

高等教育评估实践要达成评估效用协同,就必须处理好政府类、学校类、社会类主体群体之间的相互作用关系。事实上,早在2015年,《教育部关于深入推进教育管办评分离 促进政府职能转变的若干意见》就明确提出"构建政府、学校、社会之间新型关系","厘清政府、学校、社会之间的权责关系,构建三者之间良性互动机制",但时至今日,究竟如何构建三类主体群体的良好关系,仍在探索之中。当前,我国高等教育评估要推动高等教育高质量发展,亟须以高等教育评估效用为导向,创新政府类、学校类、社会类主体群体在高等教育评估事务上的新型关系,建构高等教育评估主体共同体,使其评估实践达成协同效用,更好地服务高等教育现代化治理需要,这正是政府、学校、社会之间新型关系的重要创新。

第一节 高等教育评估主体共同体意蕴

理解高等教育评估主体共同体需从共同体和评估主体共同体内涵出发,认清评估主体共同体的本质。

一、共同体的内涵

在汉语词典中,"共同体"的一般性界定为"人们在共同条件下结成的集体",而这种集体是多类或多个主体合起来的有组织、有规则的整体。但要真正理解"共同体"的深刻内涵,就需要从"共同体"的概念或思想的源头出发,剖析共同体理念的内在思想要素。德国著名社会学家斐迪南·滕尼斯(Ferdinand Tonnies)在代表作《共同体与社会——纯粹社会学的基本概念》中指出,共同体的理论是从"人类意志的完美统一"这一设定出发的,它意味着人类原始的或自然的状态。尽管在实际的经验里,人们彼此分离,乃至恰恰通过他们的分离,人类一直保持着统一的状态,也就是说,根据不同条件制约下的个体间关系的各种必然的、既定的特征,这种原始的、自然的状态形成了各式各样的形式。[①]就此而言,共同体在本质上意指人类意志的统一性,在实践中是差异个体的"统一体",这种统一体表现为"血缘共同体",而这种共同体又进一步演化为"地缘共同体""精神共同体"等独立形态,正如斐迪南·滕尼斯所言,血缘共同体关联"人们的共同关系以及共同地参与事务",地缘共同体基于"对土地和耕地的占有",精神共同体关联"人们朝着一致方向、在相同的意义上纯粹地相互影响、彼此协调",其关联"神圣的场所或受到崇拜的神祇";他认为,只要在人们通过自己意志、以有机的方式相互结合和彼此肯定的地方,就会存在着这样或那样的共同体形式,而这里的意志就是共同体相互一致的、结合到一起的信念,可称为"共同领会""共识""社群力""相通的感受"。[②]从斐迪南·滕尼斯考察共同体的本源性来看,共同体概念所指的对象设定至少包括三个方面的要素:一是具有先天的统一联系,而这种先天统一性是由某种自然的"联系"把共同体中的个体联结在一起,其可以称为共同体的先天性因素,可视为共同体的自然属性;二是在共同活动或相处中形成交互关系,这种交互性来源于差异性能力或优势而形成的差别,交互的动力根源于相互需要和补足,其可视为共同体的社会属性;三是达成一致的意志、共识或信念,是共同体成员"共同领会"的、团结共同体成员的、

---

① 斐迪南·滕尼斯.共同体与社会——纯粹社会学的基本概念[M].张巍卓,译.北京:商务印书馆,2019:76.

② 斐迪南·滕尼斯.共同体与社会——纯粹社会学的基本概念[M].张巍卓,译.北京:商务印书馆,2019:87.

相通的感受和理性,其可视为共同体的精神属性,是共同体的最本质特征。

二、评估主体共同体的内涵

评估是人类社会的一种特有文化实践活动,从事该实践活动的主体是一个专门群体,因此评估主体是一个群体性概念。随着时代的发展,评估主体的内涵或者说包括的主体类型等都发生着变化,因此评估主体本身也是一个发展性概念。评估主体作为一个发展的群体性概念,其内涵的发展和扩展伴随着实践的需求,从最初仅包含外在于评估对象的专门主体到含括评估对象,从外在于评估对象的单类主体到外在于评估对象的多类主体,其内涵和种类不断扩展。评估主体内涵与种类的发展有自身的社会机制,源自评估实践活动的自身需求,其根本动力在于人们对评估实践活动科学性、圆满性、合理性的根本追求。在实践中,评估实践的专业化发展,引发了人们对科学的评估实践问题的思考,人们开始发现不同的群体在评估过程中代表特定的利益主体或视角,评估者往往从自身角度或者群体视角对事物做出评价,满足着自身或自身背后群体的利益或代表着自身和自身背后的价值观;同时一类群体对事物的评价总是具有片面性,都是从自身维度、身份角色、价值观出发做出的判断,其都带有某种"偏见",而要对事物做出客观的、全方位的评价,这就需要事物涉及的各类群体都参与到事物的评价中,这个过程既是一个科学认识的过程又是一个权力运作的过程,其本身既涉及评估的科学性,又涉及评估的政治性,是对"科学的评价需要哪些人共同参与"和"哪些人有权参与事物的评价"的回应。随着社会的发展和人们对评价对象的客观科学认识的深入,以及不同群体在社会中的角色、分工的变化,人们开始发现对事物的评估需要更多的主体参与,并且一类群体对事物的评估能从其他类型群体的评估那里获得必要的满足,同时自身的评估也能给其他类型群体评估提供满足。因此,在评估实践中,尽管不同群体的评估实践彼此分离,但是彼此需要成为不同类型主体群体在评估实践中彼此交互的内在动力,也是实现不同类型主体群体对同一事物的评估统一起来的先决条件。

从评估主体群体发展的社会机制来看,评估主体群体作为人类社会群体的一种特殊群体,在特定条件制约下,内部亚群体之间也必然形成特有的相互关系或联系,其是人类原始的、自然的共同体形态在现代的一种演化和体现形式,也是人类原始的、自然的共同体的一种异化,因为这类评估主体群体在发展过程中的内涵关系或联系既有后天的也有先天的因素,在不同的历史时期或不同国家或地区的表现也不尽相同。从这一点出发,可以认为评估主体群体的演化和变化本身就存在各种各样的形态,而不同形态继承人类原始的、自然的共同体属性程度不同,这里所谈及的评估主体共同体则是这些形态的评估主体群体的一种特有形态,这些形态更多地具备主体群体意志的完美统一的基本设定。就此而言,评估主体共同体也应具有一般共同体所具有的自然属性、社会属性和精神属性。首先,评估主体共同体的自然属性表现为评估主体群体内部个体之间先天的统一联系。这种先天的统一联系是评估主体群体内部个体或亚群体之间在演化或发展过程中与生俱来的关系,这种关系或联系是评估主体群体中的个体或亚群体联结在一起的前提。这里的评估主体共同体同斐迪南·滕尼斯所考察的最初的、原生态的自然共同体不同,其更接近于自然共同体多层次分化后的共同体形态,因此,评估主体的这种先天的自然属性是潜在的,其需要评估主体群体的集体自觉才能真正体现和发挥作用。其次,评估主体共同体的社会属性表现为评估主体群体内部亚群体之间或个体之间相互满足的交互关系。这种交互关系是评估主体群体内部亚群体之间或个体之间行为能力或优势差异不断发展后的必然产物,这种必然性来自评估主体群体内部亚群体或个体行为能力或优势的彼此需要和相互满足。最后,评估主体共同体的精神属性表现为评估主体群体内部亚群体之间或个体之间共同领会的、达成一致的感受、共识和信念等集体意志。这种集体意志是评估主体群体内部亚群体或个体共同拥有的精神谱系。从某种意义上讲,这种精神谱系是自然共同体中血缘性先天统一联系缺失后在评估主体共同体中的"补偿者"或新形态,是共同体从人类社会生理层面向精神层面延伸转化的表现形式,也是评估主体共同体最本质的特征。

三、高等教育评估主体共同体的本质

高等教育评估主体共同体是评估主体共同体的亚概念,是评估主体共同体在现实社会中的一种具体存在形式。简言之,高等教育评估主体共同体是高等

教育评估主体群体的多种存在形态中具有共同体的自然属性、社会属性和精神属性的群体形态。在不同历史时期或不同地区,高等教育评估主体群体的构成存在差异。就当前人类高等教育评估实践而言,评估主体群体至少可以分为三类亚群体:一是社会类群体,主要有企业型组织、行业协会、学会组织、行业联盟、科研机构、用人单位、家长委员会等;二是学校类群体,主要有学校领导、学校职能部门人员、教师群体、学生群体、督导群体等;三是行政类群体,主要有各级教育行政部门和非教育行政部门群体,及其直属的事业型单位等,如直属教育行政部门的专业性评估机构、教育科研机构、教育考试机构等。就此而言,高等教育评估主体群体可能涉及人类社会的各行各业各领域,群体类型差异和空间跨度大,根本原因在于高等教育是与国家治理、社会各领域、家庭等利益攸关的社会实践活动。尽管如此,不同国家或地区被允许或有意识介入高等教育评估的主体群体也仍存在明显差异。

　　高等教育评估主体共同体具有的共同体属性在现实中具有自身的表现形态。首先,高等教育评估主体共同体的自然属性表现为社会类群体、学校类群体、行政类群体对高等教育办学活动的先天性统一联系,其可称为体制共同体。如行业产业和用人单位需要高级专门人才和高等教育供给高级专门人才之间的供需关系;家庭子女进入高校学习而产生的教育服务买卖关系;行业协会、联盟因其自身发展需求或其背后所代表的群体利益需要在高等教育获得满足而发生的联系;高校领导、教师、学生等是高等教育的直接参与者或利益相关者,其各种利益需要在高等教育中获得实际满足而发生的联系。围绕高等教育而产生的各类群体的各种内在联系(更多为社会性联系)是自然形成的,且不论人们是否感受到它们或主动去实践它们,其都显在或潜在地存在着,可视为共同体自然属性在高等教育评估共同体中的具体表现,也即高等教育评估共同体具有的先天性统一联系。其次,高等教育评估主体共同体的社会属性表现为社会类群体、学校类群体、行政类群体等,围绕高等教育办学活动开展的评估实践所形成的相互满足的交互关系,其可称为机制共同体。这种相互满足的交互关系主要体现在一类群体评估实践与另一类群体评估实践因彼此需要而发生的互动或交往。如行业产业评估高等教育专业建设质量、科技研发能力、社会服务能力,既是自身需要又是高校管理者、教师、学生、家长和教育行政部门评估高等教育的需要;教育行政部门评估高等教育办学质量,既是自身需要,也是行业产业、用人单位、家长、教师、学生等评估高等教育所需要的；高校职能部门、二级教学单位、教师、学生、督导评估本校质量，既是教育管理部门评估高等教育的需要，也是行业产业、用人单位、家长等评估高等教育所需要的。最后，高等教育评估主体共同体的精神属性表现为社会类群体、学校类群体、行政类群体等共同领会的、达成一致的高等教育评估感受、共识和信念等集体意志，其可称为精神共同体。高等教育评估主体共同体的集体意志是社会类、学校类、行政类主体群体评估高等教育的精神谱系。这种精神谱系的本质是各类高等教育评估主体群体对高等教育评估的共同理解、认可和行动，是政府类、学校类、社会类主体群体在高等教育评估中朝着相同方向、在相同意义上交互影响、协调一致的规则，以及指挥行动的共同意识。

就此而言，高等教育评估主体共同体精神属性决定着高等教育评估主体共同体社会属性和自然属性的实现，因而是共同体的最根本属性；高等教育评估主体共同体的社会属性和自然属性则是高等教育评估主体共同体精神属性产生的前提或基础。因此，高等教育评估主体共同体是体制共同体、机制共同体、精神共同体的有机统一。

第二节　国际高等教育评估主体结构

考察世界代表性国家高等教育评估主体构成及其行为，有助于洞察高等教育评估主体亚群体间的内在联系和作用方式，可为探索我国高等教育评估主体共同体实现路径提供案例和思考路径。在不同国家中，根据评估权力在政府类、学校类、社会类主体群体中的掌握强度或分散程度，可以把主要国家高等教育评估主体构成形态相对地分为分权型（如美国、英国、加拿大、德国、新西兰、澳大利亚、韩国等）、集权型（如法国、俄罗斯、印度、马来西亚等）、合理授权型（如日本、丹麦等）。不同类型的高等教育评估主体群体结构在主体群体构成、角色或地位上存在明显差异。

一、分权型评估主体构成与特征

分权型国家高等教育评估主体群体中,社会类主体群体比政府类和学校类主体群体更加复杂,多元化发展趋势更加明显。一是社会类主体群体多元化构成。社会类主体群体至少包括三类亚群体:第一类是非官方的专业性组织或机构。如美国高等教育认证协会领导下的六大区高等教育联合会所属的高等教育认证协会、联邦教育部和高等教育认证协会批准或承认的全国性专业认证委员会;英国的高等教育质量保证机构(非官方);加拿大高等教育鉴定委员会(CAB)以及后来的工程教育鉴定委员会(CEAB)、本科教育评估委员会(CEEC);德国经认证委员会认证的地区性评估和认证机构;新西兰大学学术评估署(1993年由新西兰大学校长委员会创建);澳大利亚的高等教育质量和标准署(TEQSA);韩国工程教育认证委员会(ABEEK)等。第二类是联合组织或协会。如美国联合研究理事会会议委员会;英国商业与技术教育委员会(BTEC);加拿大高等院校联合会(AUCC);澳大利亚大学质量机构(AUQA);韩国大学教育协议会等。第三类是报刊类媒体机构。如美国的《美国新闻与世界报道》杂志社;英国的《泰晤士报》《金融时报》报社;加拿大的《麦克林》时事杂志社等。第四类是基金会组织。如英国高等教育基金委员会(HEFCs)。二是学校类主体群体具有多层次。学校类主体群体主要有三类:第一类是学校主体自治组织。如英国大学校长委员会(CVCP)。第二类是高校学术机构。如美国佛罗里达大学人文与社会科学研究中心。第三类是高校内设机构。主要是高校内部的质量保障机构或组织。三是政府类主体群体以管理主体为主。政府类主体群体主要有两类亚群体:第一类是政府部门主体。如美国联邦政府和州政府,加拿大地方政府,澳大利亚联邦政府、州和地区政府等。第二类是政府成立的官方机构。如加拿大州层面建立的评估监控机构等。

从分权型国家高等教育评估主体群体的构成来看,尽管评估机构或组织名称在发展过程中发生着更替或变化,但其基本格局比较稳定,且至少呈现五个特征:一是社会类主体群体参与高等教育评估主体地位凸显,社会类主体群体中非官方社会组织或专业机构成为社会类主体群体的主要构成具有普遍性,其充分体现了社会对高等教育质量的关心和监督。二是高等教育主体群体传播能力比较突出,尤其是有影响力的报刊介入高等教育评估,增强了社会类主体群体评估结果的影响力和社会类主体群体对高校评估的传播力,强化了社会类主体群体评估高等教育为社会公众提供有价值的高等教育信息的价值取向。三是高等教育领域高校行业自治自律意识强烈,突出了高校自我保证质量以及向社会公众自我证明高等教育质量的价值取向。四是社会类主体群体介入高等教育具有一定的规范或约束性机制,政府或其委托专门机构对社会类主体群体开展高等教育评估的资质进行监管或审批。五是政府类主体群体参与高等教育评估具有直接性和间接性两种路径,直接性路径是政府直接开展评估,间接性路径是政府通过成立具有公益性的专业机构或组织开展高等教育评估。

从整体上看,分权型国家高等教育评估主体群体分权或放权特征比较突出,政府类主体群体评估高等教育主体角色不够凸显,市场监管职责明显,其主要定位在公共治理或评估市场治理层面,确保影响公众利益的社会类主体群体评估市场行为的规范性。社会类群体评估高等教育主体角色彰显,监督高等教育质量职责明显,其定位关联三个方向:服务高校高等教育质量保障,向高校办学提供咨询;监督高等教育质量,促进高校办学质量自律;证明高等教育质量,向公众了解高等教育质量和高校差异提供必要路径。学校类主体群体评估高等教育主体角色明显,追求高校办学质量自律或同行自律职责突出。所以,在分权型国家高等教育评估主体群体中,亚群体之间的评估权力分配和评估作用发挥比较平衡,评估行为彼此影响和利用的可能性较高,评估之间的交互性更加明显。

二、集权型评估主体构成与特征

集权型国家高等教育评估主体群体主要包括政府类主体群体和学校类主体群体,个别国家中社会类主体群体也有参与。政府类主体群体对高等教育具有绝对的影响力,学校类主体群体在职能上属于政府类主体群体的从属主体,其主要配合政府类主体群体的评估活动。政府类主体群体在不同国家以国家评估委员会、教育部或国家评审局、国家评价与认证委员会、认证署、教育行政机构质量保证部门等形式出现,其主要依托评估强制力对高校施加影响。如法国主要是由法国国家评估委员会(CNE)实施;俄罗斯由俄罗斯教育部和国家评审局实施;印度由国家评价与认证委员会(NAAC)实施[该组织为国际高等教育质量保障组织（INQAAHE）首批成员]；马来西亚由高等教育司质量保障部（QAD）等执行。学校类主体群体主要为高校内设机构，其主要是被动接受政府类主体群体施加的影响。如法国、印度、马来西亚等国的高校均有内设机构或组织开展自我评估。社会类主体群体发展滞后，且政府对其监控和管理严格。从集权型国家高等教育评估主体群体构成来看，高等教育评估主体群体结构具有四个特征：一是高等教育评估市场主体相对单一。社会类主体群体参与度偏低，公众对高等教育评估参与度和关注度低，公众了解高等教育的路径有限。二是政府类主体亚群体在高等教育评估主体群体中具有绝对优势和绝对影响力。从某种意义上讲，政府类主体群体评估对学校类主体群体和社会类主体群体评估发挥着主导作用，具有强力威严；由政府成立的评估机构或组织类亚群体是政府评估主体的代言人，是政府评估主体职能角色和权力权威在另一类机构或组织上的"移植"或"赋权"，因而是一种权力的延伸。三是学校类主体群体自主保障质量意识相对分权型国家高校弱。通常情况下，学校类主体群体更多在政府类主体群体要求的框架下或为了应对政府类主体群体评估实践而开展有限的评估实践，以本校质量保障为目标自主、自发地开展的评估实践偏少。四是社会类主体群体仅仅发挥补充性作用，其影响深度和广度总体偏低。

  从集权型国家高等教育评估主体群体结构及其特征来看，政府类主体群体、学校类主体群体、社会类主体群体角色定位明显。政府类主体群体在高等教育评估主体群体中处于绝对的主导地位，扮演着权威的主体角色，是高等教育质量的权威监管者，也是高等教育质量证明的主要提供者，兼顾管理高等教育和评估高等教育的双重职能，评估更多是政府监管高等教育的手段。学校类主体群体在高等教育评估主体群体中处于从属地位，扮演着配合者的角色，是高等教育质量的被动举证者，其主要向政府类主体群体提供教育质量证明，自我质量监管者角色体现不明显。大多数情况下社会类主体群体在高等教育评估主体群体中处于补充地位，其对政府类和学校类主体群体的评估影响偏少。所以，在集权型国家高等教育评估主体群体中，政府类、学校类、社会类主体亚群体在评估理念和行动上一致度更高，评估精神和思想统一性明显。

三、合理授权型评估主体构成与特征

合理授权型国家高等教育评估主体群体包括政府类主体群体、学校类主体群体和社会类主体群体。在合理授权型国家中,尽管政府类主体群体评估对高等教育具有主导权,但学校类主体群体和社会类主体群体评估对高等教育在一定范围内也具有较大影响力。政府类主体群体在不同国家以不同形式存在。如在日本由大学评价及学位授予机构(NIAD)及其相关委员会、日本文部科学省(MEXT)及其相关委员会等形式出现;在丹麦以高等教育质量保障和评估中心、丹麦教育评估协会(EVA)等形式出现。学校类主体群体主要是高校内设机构或内设质量保障组织,其在政府授权范围内具有评估自治性和自发性。社会类主体群体主要是经政府认可的高等教育认证评估机构、政府任命的外部督查员等,其在政府授权范围内对评估高等教育具有自治性和自发性。如日本开展高等教育评估的社会主体为文部科学省认定的高等教育认证评估机构;丹麦由政府任命的外部督查员执行。

在合理授权型国家高等教育评估主体群体中,政府类、学校类、社会类主体群体结构相对平稳,权力分布相对平衡。其存在三个特征:一是政府类主体群体赋权与增能并在。一方面,通常情况下政府类主体群体将权力赋予学校类和社会类主体群体,同时注重学校和社会类主体群体评估能力发展。另一方面,政府类主体群体赋予学校类和社会类主体群体的权力是基于学校类和社会类主体群体的能力和资源优势发挥的需要,属于有限的赋权;而政府类主体群体仍然保留必要的监管性评估权力,并直接开展评估实践活动。二是学校类主体群体主要在政府类主体群体赋权和引导的范围内开展评估实践活动,学校内部质量保障组织机构相对完善,评估主体既遵循政府类主体群体的评估要求,同时立足本校办学需求。三是社会类主体群体在政府类主体群体授予权力范围内自主开展评估实践。合理授权型国家社会类评估主体的自主性评估实践主要是政府委托性或学校类主体委托性评估实践,社会类主体群体的此类评估实践的专业自主性强。

从合理授权型国家高等教育评估主体群体结构和特征来看,政府类、学校类、社会类主体群体角色定位明确。一是政府类主体群体主要是重要关口质量的审核者。如主要从事高等教育评估公共管理类评估,审查高等教育入口质量

和出口质量,根据国家政策执行评估等,确保质量的基本水准和国家战略需要的高等教育质量一致。二是学校类主体群体主要是办学过程质量的控制者。如自主对办学各领域及其重要环节实施自我质量监控,并用于自我质量改进;同时同行高校之间开展同行评估,确保高校质量的基本水准,致力于所有高校质量的共同提升。三是社会类主体群体主要是高等教育质量的客观观察者。社会类主体群体受政府或高校委托,从第三方视角和专业视角对高等教育质量实施监督和评判,以达成政府类和学校类主体群体的评估目的。在这个过程中,社会类主体群体的评估为政府类和学校类主体群体的评估提供依据或凭据。

第三节 我国高等教育评估主体发展沿革

我国高等教育评估主体发展状态是我国创新高等教育评估主体共同体的基础和条件,考察我国高等教育评估主体群体发展沿革有助于理解我国高等教育评估主体的未来走向。新中国成立以来,我国高等教育评估主体群体持续发展,尤其是改革开放以来我国高等教育评估主体获得快速发展,迄今为止已形成了多元的评估主体群体亚群体。

一、我国高等教育评估主体群体分类发展

我国高等教育评估主体经历了萌芽期合理授权(1991年以前)、发展期集权(1991—2011年)和成熟期授权(2011年后)的发展过程。尽管政府类、学校类、社会类主体群体在不同阶段均参与高等教育评估实践,但同时期不同类型主体群体的地位不同,同一类型主体群体在不同时期的地位也发生着变化。其中,政府类和学校类主体群体在评估机制发展萌芽期均有一定主导权;政府类主体群体在评估机制发展期几乎成为唯一主导型主体群体;政府类、学校类、社会类主体群体在评估机制成熟期均有一定主导权,但学校类主体群体主要在政府许可的范围内享有自主权,社会类主体群体接受政府委托享有一定自主权或在专业领域创生自主权。在这个过程中,我国高等教育评估政府类主体群体主要包

括行政部门、体制内教育评估机构;社会类主体群体主要有行业协会或组织、民间评估机构、研究机构或学术团体等;学校类主体群体主要是高校内部质量保障组织。

我国高等教育评估主体群体在发展壮大中呈多元化发展态势,政府类主体群体、学校类主体群体、社会类主体群体均得到快速发展。

(一)政府类主体群体集中与巩固强化

一是国家教育行政部门主体群体。国家层面的政府类高等教育评估主体群体主要是国家教育督导团、教育部各司局,涉及高等教育的评估主体包括高等教育司、职业教育与成人教育司、综合改革司等机构。2000年,国家教委教育督导团更名为"国家教育督导团",负责"研究制定教育督导与评估的方针、政策、规章制度和指标体系;对地方人民政府贯彻执行国家有关教育方针政策的情况进行指导、监督、检查、评估"。2012年,国务院成立国务院教育督导委员会,并将国务院教育督导委员会办公室设在教育部,主要开展督政与督学。2016年,教育部教育督导团办公室更名为教育督导局,具体职责为"拟定教育督导的规章制度和标准,指导全国教育督导工作;依法组织实施对各级各类教育的督导评估、检查验收、质量监测等工作;起草国家教育督导报告;承办国务院教育督导委员会的具体工作"。教育部教育督导局成立后,主要的高等教育评估与监测职能职责相继从教育部各司局转移至教育部教育督导局,但部分具有评估性质的评审验收项目仍保留在有关司局。二是地方教育行政部门主体群体。地方层面的政府类高等教育评估主体主要集中在各省(自治区、直辖市)教育厅(或教委),具体由负责高等教育、高校人事、学生管理、学科建设、学位与研究生教育等的职能处室分别负责,各自按照管理领域开展相关评估工作。教育部教育督导局成立后,部分地方教育厅(教委)相继按照教育部司局职能职责调整规则,将分散到各职能处室的高等教育评估职能集中到督导室,但并未禁止其他职能处室开展专项评估或项目验收性评估。三是公办教育评估专业机构。随着教育评估事业的发展,高等教育评估的专业化程度越来越被教育管理部门重视,教育部和部分省市开始成立专业性的教育评估机构,负责高等教育评估工作,并成为高等教育评估的核心主体群体。绝大多数专业性教育评估机构独立设置,也有部分专业性教育评估机构同教育科研机构或教育考试机构共同挂牌。截至目前,我国公办的高等教育评估专业机构已有十余家,其包括教育部教育质量评估中心、上海市教育评估院、江苏省教育评估院、浙江省教育考试院、安徽省教育评估中心、福建省教育评估研究中心、湖北省教育评估院、重庆市教育评估院、江西省教育评估监测研究院、四川省教育评估院、云南省教育科学研究院(云南省教育评估院)、黑龙江省教育评估院等。

(二)学校类评估主体群体走向系统化和专业化

我国高等教育评估学校类主体群体可以分为两类:第一类是高校内部质量保障组织。通常包括学术委员会、教学指导委员会、教学督导委员会、教务处、评估处、督导处、学生处以及高校二级教学单位的教学指导委员会、学术组织、教学管理科室等。尽管不同高校内部质量保障组织的机构名称或运行机制可能存在差异,但其总体职能职责基本相同。第二类是高校同行自治组织。通常有高校行业组织如高等教育学会、高等教育评估研究会(或学会)等,还有各专业领域的学术组织等。

(三)社会类主体群体壮大并呈多元化发展趋势

教育部在政策层面支持社会类主体群体开展第三方评估,"提出支持专业机构和社会组织规范开展教育评价。大力培育专业教育服务机构,整合教育质量监测评估机构,完善监测评估体系,定期发布监测评估报告。扩大行业协会、专业学会、基金会等各类社会组织参与教育评价。制定专业机构和社会组织参与教育评价的资质认证标准。引入市场机制,将委托专业机构和社会组织开展教育评价纳入政府购买服务范围"。我国高等教育评估社会类主体群体不断得到发展和壮大,从事高等教育评估的企业型机构、学术类组织、社会团体、体制外专业性机构等纷纷成立,同时原有的社会性机构也开始开拓高等教育评估市场。截至目前,我国高等教育评估社会类主体群体主要有三类:第一类是企业型评估机构,如麦可思(Mycos)、新锦程等。第二类是民办专业性评估机构。如民办非企业单位北京教育督导评估院、河南省教育评估中心。第三类是学术科研机构或教育服务提供机构。如中国管理科学研究院(1991年成立课题组,1993年发表了《中国大学评价》);艾瑞深校友会网(2003年在世界范围发布以校友、质量、影响为主题特色的大学排行榜,随后推出了中国大学研究生教育评价报告、中国大学学科专业评价报告);武汉大学中国科学评价研究中心(中国大学及学科专业评价、中国研究生教育评价、世界一流大学与科研机构学科竞争力评价,面向教育行政部门、高校领导、教师、学生、家长等);软科(原为上海交通大学高等教育研究院世界一流大学研究中心,自2003年首次发布世界大学学术排名以后每年发布一次;从2015年开始发布中国国内大学排名榜单);中国人民大学高等教育研究中心;广州日报数据和数字化研究院(GDI智库)(发布"GDI高职高专排行榜")等。

二、我国高等教育评估主体群体发展特征

我国高等教育评估主体群体在长期的发展过程中形成了自身特点。

(一)三类主体群体实现共生性成长

改革开放以来,随着我国高等教育评估制度的不断完善,高等教育评估受到政府、学校和社会的广泛重视,政府类主体群体、学校类主体群体、社会类主体群体等都获得长足发展。从高等教育评估主体群体发展空间维度来看,这三类评估主体群体在发展过程中具有一定程度的依存性。首先,政府类主体群体评估的发展吸收社会类或学校类主体群体的经验。改革开放以来,我国高校开始自主探索高等教育评估,高等教育组织引介欧美国家高等教育评估理论与方法,并通过课题研究和试点探索、学术研讨和宣讲等方式,推动高等教育评估理论与实践的发展,其成为政府类主体开展高等教育评估的重要思想库、智囊团和策略库。其次,学校类主体群体发展受到政府类和社会类主体群体的牵引。政府类主体群体评估的发展为学校类主体群体评估的发展提供了有力保障、督促和引导。如学校类主体群体按照政府类主体群体开展高等教育评估的要求和对质量保障的要求,不断完善高校内部质量保障组织,同时接受政府类主体群体对高校内部评估组织机制建设的指导和评估。社会类主体群体评估为学校类主体群体评估发展提供了动力。如学校类主体群体按照社会类主体群体提供的有力工具和广泛信息,拓展自身评估领域,提升自身评估能力。最后,社会类主体群体评估发展得到政府类、学校类主体群体评估的支持。如社会类主体群体评估发展得益于政府类主体群体提供的良好的评估政策环境,且依赖于学校类主体群体提供的越来越多的评估市场机会。

(二)社会类主体群体发展离散多元

社会类主体群体在我国高等教育评估主体群体中呈离散性、多元化发展趋势。社会类主体群体的离散性主要表现在两个方面：一是同类评估实践的评估主体竞相发展。就从事大学排名而言，中国管理科学研究院、艾瑞深校友会网、武汉大学中国科学评价研究中心等机构均通过评估发布各具特色的大学主题排行榜，且不同排行榜的定位和指标体系各异，在公众影响方面呈竞争趋势；同时，不同的大学排名机构根据公众需要竞相拓宽排名主题或项目。二是社会类评估主体来自不同领域。有高校研究部门、科研机构课题组、非企业型机构、企业型公司、专门的教育服务公司等。社会类主体群体的构成主体性质存在差异，专业背景存在差异，评估宗旨和目标也存在差异。社会类主体群体的离散性带来了多元化特征，这种特征主要表现在三个方面：一是评估主体类型多元。按照评估主体来自的机构分，我国高等教育评估社会类主体群体的类型至少有四类：第一类是高校教育工作者，即来自高校从事高等教育研究的专业技术人员；第二类是企业人员，即以盈利为目的非教育工作者或经商者；第三类是专门评估人，即在专门的教育评估机构专门从事评估的专业人员；第四类是其他领域的专业人士，即非教育领域的、有专业技术优势的科技或人文工作者。二是评估主体能力结构多元。社会类评估主体能力各具优势，有些群体擅长大学排名、学科专业排名、就业质量排名等研究能力；有些群体擅长高校评估的信息化和智能化软件开发能力；有些群体擅长大数据分析、报告撰写等专业能力；有些群体擅长市场拓展、广告推销等营商能力；有些群体擅长高校评估的理论研究能力；等等。三是评估主体影响多元。不同社会类评估主体的社会影响面不同，有的评估主体的影响主要在国内区域，有的评估主体的影响在全球；有的评估主体的影响主要在高校综合排名领域，有的评估主体的影响主要在学科专业领域，有的评估主体的影响主要在毕业生就业领域，有的评估主体的影响主要在政府领域，有的评估主体的影响主要在用人单位领域。

(三)学校类主体群体自觉意识增强

学校类主体群体的评估自觉意识越来越强是我国高等教育评估主体群体的一个显著特征。近年来，在高等教育高质量发展战略引领下，国家从政策层面强化了高等教育评估的重要性，对高等教育评估制度进行了系统性设计，并通过院校评估、专业评估与认证、办学质量常态监测等项目引领学校类主体群体质量文化建设。通过多年的发展,学校类主体群体评估自觉意识显著增强,主要表现在四个方面:一是高校内部评估主体结构健全。高校自主探索并建立从学校层面到二级院校层面、从学校行政层面到学术层面的质量保障组织机构,配备了专门人员,明确了专门职责,建立了评估活动规则等,确保高校评估组织体制机制的执行力。二是高校内部评估主体能力自主提升。通过参与各类评估实践活动、安排专门经费培养质量保障部门专业技术人员、设立专门的质量保障类课题、定期开展校内评估实践等,自主提高内部评估主体的能力。三是高校内部评估主体评估文化渐显浓厚。高校内部评估主体按照办学需要,围绕人才培养、科学研究、社会服务等方面,强化自身质量生成主体、质量保障主体、质量评价主体、质量证明主体的角色。通过评估实践和会议研讨等形式,增强校内和校际评估主体的交流和经验互鉴。四是高校内部评估主体主动成为联结校外评估主体的重要纽带。高校内部评估主体在日常办学过程中扮演着内部评估主体角色,而在外部评估过程中则主动成为外部评估主体的重要助手,是外部评估主体有效开展评估工作的辅助者,也是外部评估主体的评估要求在高校内部的重要传播者。

(四)政府类主体群体走向专业发展

政府类主体群体作为我国高等教育评估主体群体的主要构成,在高等教育评估中处于主导地位和发挥着引领作用,其水平代表着我国高等教育评估主体群体的整体能力水平和高等教育评估质量水平。在此背景下,政府类主体群体专业化发展迅速,其主要表现在三个方面:一是行政部门评估主体群体评估政策供给能力显著增强。国家有关部委和地方有关厅(委、局)作为高等教育评估政策的供给者,近年来研究制定了系列高等教育评估制度文件,在制度层面基本建成了具有中国特色的高等教育评估制度,在实践层面基本建立了科学的高等教育评估实践规范体系,因而成为我国高等教育评估改革的引领者。二是公办专业性评估机构评估技术能力跨越式提升。随着公办专业性评估机构的陆续建立和评估研究与专业实践的深入,公办专业性评估机构内专门从事高等教育评估的专业技术人员的规模不断扩大;专业技术人员的评估研究能力不断增强,评估研究成果逐渐丰硕,评估实操能力不断提高,评估资政辅政能力得到发展。三是政府类评估主体评估分工整合机制逐渐形成。政府类主体群体中,教育行政部门主体和公办专业评估机构主体在评估事务上分工合作,各自发挥管理资源优势和专业技术优势,在评估项目委托上有区别性,在评估事务上分工合作,实现资源优势和能力优势的有效利用。

(五)公办专业性评估机构具有双重主体身份

我国公办专业性评估机构在不同的关系结构中具有不同的性质,因而其通常存在两种身份。一是作为政府类评估机构。政府类评估机构在行政隶属地区执行本行政区内政府委托的项目。在这个关系体中,专业性评估机构执行着行政部门赋予的权力,是行政部门的代理人,执行着公权力。二是作为社会类评估机构。其存在三种情况:第一种情况是专业性评估机构在非行政隶属地区执行委托的评估项目,可以为非行政隶属区的政府类委托评估项目,也可以是非行政隶属区的高校委托评估项目;第二种情况是专业性评估机构在行政隶属地区执行高校委托的评估项目;第三种情况是专业性评估机构在隶属地区执行非教育行政部门委托的评估项目。就此而言,把公办专业性评估机构称为第三方评估应具有条件性,即仅当专业性评估机构跨地区开展委托性评估或承担非教育行政部门委托的非教育系统评估或学校自主委托的评估时,其才是第三方评估;而其在行政隶属地区接受行政隶属单位委托的评估为非第三方评估。

第四节 我国高等教育评估主体共同体发展问题

从我国现有高等教育评估主体群体结构及其特征来看,我国高等教育评估主体群体要统整力量,发展能更好推动高等教育高质量发展的评估共同体,协同致力于高质量高等教育发展,仍面临着诸多挑战。

一、评估主体群体体制共同体不显

体制共同体作为高等教育评估主体共同体形成的基础,是高等教育评估主体共同体需首先具备的基本属性。从当前我国高等教育评估主体群体结构及其特征来看,政府类主体群体、学校类主体群体、社会类主体群体的自然联系被消解,其主要表现在四个方面。

(一)高校培养人—社会使用人的供给关系被消解

高校培养人与社会使用人之间的供给关系主要指高校培养人与社会行业企业主体使用人之间形成的满足与需要关系,而这种关系在现代高校产生之初就孕育其中,即社会行业产业发展和产业技术革命对人才能力素质的更高要求是现代高校发展的重要动力之一。从这种意义上讲,现代高校从产生开始就同社会行业企业主体发生着紧密联系。但当现代高校产生后,高校主体群体的追求就不纯粹是为行业企业供给人才,而是形成了自身内在的追求,其开始慢慢脱离社会行业企业主体需求,走向实现自身意志的发展。在现实实践中的典型表现就是高校人才培养和行业企业生产实践相割裂。

(二)高校服务方—学习者消费方的伴随关系被消解

高等教育是人类社会生产力发展和社会财富积累到一定阶段或程度的产物。高校作为向学习者提供教育服务的办学主体,学习者及其家长作为消费教育服务的主体,两者在高等教育发生之初就相伴而生。从这点意义上讲,如果没有学习者(及其家长)群体的学习需求,高校办学主体群体的教育服务就不会诞生;同样,如果没有高校办学主体群体提供教育服务,学习者(及其家长)主体群体的学习需求也就无从满足。但是,当高等教育成为一种稀有资源或高等教育入学机会供给匮乏而学习者群体规模却不断增大时,高等教育就成为"卖方市场";同时,高校办学主体群体在能力和资源方面明显优于学习者主体,因而高校办学主体群体处于先天优势,高等教育成为高校办学主体群体的"主导市场"。至少在这两种作用机制下,高校办学主体群体与学习者主体群体地位不平等,因而先天的彼此需求和相伴而生的天然联系被消解。其典型特征体现为高校办学主体群体与学习者群体之间的"授—受"关系、"主体—客体"关系、"主动—被动"关系。

(三)高校主责方—社会关联方的联结关系被消解

高校是高等教育的主责方(主要责任方),是高等教育质量的创生者;社会关联方主要指对高等教育有所诉求的社会行业组织,如行业学会组织、联盟等,其往往是更大社会群体利益或需求的代表,是社会需求的集中体现和表达,同时也是高等教育联系社会更大群体的重要纽带。尽管高校和社会行业组织间的联系并不如办学主体群体与学习主体群体间的联系紧密,但社会行业组织也是高校办学的主要服务对象,代表其背后的更大群体利益,因而也是衡量高校办学质量的重要维度。但随着高等教育自身办学追求的强化,社会行业组织参与高等教育的需求逐渐弱化,两者之间的被需求与需求关系也逐渐走向消极。

(四)高校内部实践环主体链协同关系被消解

所谓高校内部实践环主体链主要指从事管理、教学、科研、学习等活动的主体构成的关系体系。通常情况下,高校内部教育管理主体群体、教学主体群体、科研主体群体、学习者群体等的有效活动实践需相互关联和支撑、彼此衔接和协同,即"管理主体群体—教学主体群体(科研主体群体)—学习者群体"构成人才培养主体链和实践环;"管理主体群体—科研主体群体(部分学习者群体)"构成科学研究主体链和实践环。尽管教学主体链中各主体群体的联系仍然存在,但该主体链内部主体群体间的联结关系松散,并未形成紧密的供给—需求关系,即各类主体群体的实践之间,并未形成统一体关系,而是一种单向的管理关系、师徒关系或授受关系。科学研究主体链中管理主体群体、科研主体群体、部分学习者群体联结松散,也未形成紧密的协作关系体,各类主体群体实践活动之间仅仅是一种有限的管理关系或雇佣关系。

二、评估主体群体机制共同体不畅

机制共同体作为高等教育评估主体共同体的社会性基础,是高等教育评估主体共同体存在的活动机制。随着我国高等教育高质量发展的需要,高等教育评估主体间需要形成能够彼此满足的交互关系,以实现评估对高等教育发展的一致性支撑作用。但从我国高等教育评估主体群体机制发展现状来看,政府类、学校类、社会类主体群体之间的有效交互机制或需求满足共生机制尚未形成。其主要表现在四个方面。

(一)高等教育评估主体群体实践间的自为与自足

我国高等教育评估主体群体实践通常旨在达成各类评估主体群体自身目标和满足自身需求,不同类型主体群体实践的交互性缺乏。一是政府类主体评估实践自为与自足。政府类主体群体的评估实践旨在追求高等教育管理目的,通过评估在高等教育领域实现管理意志,评估实践较少关涉社会类和学校类主体群体的实践需要;即使在部分高等教育评估实践中,政府类主体群体关注学校类主体群体的评估实践,也旨在引导学校类主体群体评估满足政府类主体群体自身的评估实践需要。二是学校类主体群体评估实践自为与自足。学校类主体群体的评估实践旨在达成办学实践目的,其评估实践较少关涉政府类和社会类主体群体的实践需要;即使在评估实践中考虑了政府类或社会类主体群体的评估实践需要,也旨在迎合政府类或社会类主体群体评估实践,以获取其他类型主体群体的更优评价。三是社会类主体群体评估实践自为与自足。社会类主体群体的评估实践旨在达成各自利益驱动的目的,其评估实践较少关涉政府类和学校类主体群体的评估实践需要;即使在评估实践中考虑了政府类或社会类主体群体的评估实践需要,也旨在获得学校类主体和政府类主体的支持,而非考虑另两类主体的评估实践需要。

(二)高等教育评估主体群体实践间的单生与自利

高等教育评估主体群体中亚群体评估实践旨在实现自身发展和争取自身利益最大化,而不同亚群体间通过评估实现共生性发展和评估价值增值缺乏。首先,政府类主体群体评估实践单生与自利。政府类主体群体从管理目的出发,以管理者意志实现为实践宗旨,追求对高等教育管理的全面性和有效性,以实现更有力和有效的政府监管;在评估价值上倾向于满足自身的管理需要。因此,政府类主体群体评估实践较少考虑学校类和社会类主体群体评估实践的发展空间,并未充分考虑学校类主体群体评估价值需求和社会类主体群体评估价值需求。政府类主体群体评估实践即使在个别评估实践中关注学校类和社会类主体群体评估实践需要,也旨在维护良好的自身管理实践条件。其次,学校类主体群体评估实践单生与自利。学校类主体群体评估实践从办学目标出发,以办学目标达成为实践宗旨,旨在创建符合学校自身需要的评估实践,按照学校发展规划和办学实践需求,形成学校评估实践体系,以保障办学目标达成。尽管学校类主体群体评估实践会关切政府类主体评估实践需要,但在某种程度上是为了确立学校评估实践的合法性,而非为了学校类主体群体评估实践与政府类主体群体评估实践的共生互利;学校类主体群体评估实践也会关切社会类主体群体评估实践需要,但这种关切也旨在通过了解社会类主体群体评估实践而达成有利于自身发展的结果,而非促进社会类主体群体的评估实践。最后,社会类主体群体评估实践单生与自利。社会类主体群体相对于政府类和学校类主体群体而言,其构成与价值追求更具多元性和差异性,因而其开展评估实践的出发点差异较大。尽管如此,社会类主体群体中不同的亚群体评估实践也具有共同性,即满足自身评估实践的生存需要,其背后的最根本设定是有利于自身的发展。如行业组织在评估实践中谋求自己的生存和影响力,但其需要通过关切学校办学需要和政府高等教育政策需要来实现;企业型评估机构在评估实践中生存是首要设定,但其仍然需要通过关注学校办学实践和政府政策焦点来实现。在社会类主体群体评估实践中,关注政府类和学校类主体实践仅仅是其考虑的一个方面。

(三)高等教育评估主体群体实践间的弱位与错位

高等教育评估主体群体关系体中存在实践不平等和不对接,其影响了不同评估主体亚群体之间的对等关系,从而导致评估主体亚群体之间关系的不平衡。首先,学校类主体群体相对政府类主体群体处于弱势地位。政府类主体群体掌握高等教育办学资源配置权,评估结果通过学校类主体群体资源配置而被强化。就此而言,政府类主体群体是先天的资源供给源,处于主动地位;而学校类主体群体是资源需求方,处于被动地位,其必然受到政府类主体群体的牵动和制约。其次,社会类主体群体相对政府类主体群体处于弱势地位。社会类主体群体对政府类主体群体缺乏强关联因素,因而社会类主体群体评估实践对政府类主体而言并非必要的需求实践;反而社会类主体群体的实践需要依赖政府类主体群体提供必要政策环境。如企业型专业机构的高等教育评估实践就需要政府类主体群体为其提供积极的第三方评估政策导向,从而为企业型专业机构创造更多的评估市场机会;行业组织评估实践也需要政府类主体群体为其提供必要的政策环境,使其评估实践对高校产生必要的价值,进而使其占据一定的市场优势。最后,政府类、学校类、社会类主体群体评估实践相互分离。尽管政府类、学校类、社会类主体群体评估实践对象均为高等教育,但各自关注的高等教育因素缺乏必要的一致度,甚至在价值引领上存在背反性。例如,政府类主体在毕业生就业质量评价中鼓励优秀毕业生到边远少穷地区就业,而社会类评估实践通常将毕业生就业单位强弱和工资收入高低等作为就业质量高低的标准。

(四)高等教育评估主体群体实践间的控制与束缚

高等教育评估主体群体中不同亚群体之间并非对等性关系,而存在管理与被管理、需求与被需求的控制与束缚关系,这种关系难以实现评估主体亚群体之间的协同性。一方面,政府类主体群体同学校类、社会类主体群体之间存在管控关系。从法律法规视角看,政府类主体群体对学校类主体群体实践质量具有管理权,对学校类主体群体评估实践具有监督权;政府类主体群体对社会类主体群体具有资质审批权和市场活动监管权。例如,高等教育法就规定教育行政部门对高校办学质量进行评估;同样企业型专业评估机构需要政府部门审批;行业组织也需要在相关部门进行登记注册,其实践活动必须遵守政府相关制度规定。另一方面,社会类主体群体对学校类主体群体会产生牵制。尽管社会类主体群体对学校类主体群体没有行政上的控制关系,但社会类主体群体凭借话语权优势或办学资源供给优势而在两者关系中占据明显优势,即社会类主体群体评估实践并不依赖或需要学校类主体评估实践,且能为学校类主体群体评估实践带来利益;而学校类主体群体评估实践尽管不必然依赖社会类主体群体评估实践,但如果拥有有利的社会类主体群体评估实践,其必然更具优势。如企业型专业评估机构、科研团队或组织机构等开展大学排名、学科排名、专业排名等评估实践为学校类主体群体开展自我评估提供了有利依据或证据,但高校自主开展的校内评估实践并不会给企业型专业评估机构、科研团队或组织机构评估实践带来有利影响。

三、评估主体群体精神共同体缺位

高等教育评估主体群体精神共同体的实质是评估主体群体对评估实践理想性意象描述的共同性或一致性,是高等教育评估主体共同体的本质特征,在某种意义上讲是高等教育评估主体亚群体从潜在的体制共同体和可能的机制共同体走向现实的体制共同体和机制共同体的必要条件。但在现有的高等教育评估主体群体中,精神共同体缺位是共同体建设的重要制约性因素。评估主体亚群体精神共同体缺位意指高等教育评估主体亚群体之间对高等教育评估实践的理想性意象缺乏必要统一性。

(一)评估主体亚群体共同愿景缺位

共同愿景是评估主体群体成员对未来评估实践的理想性意象描述,是评估主体群体成员的共同追求目标。首先,亚群体理想性意象缺位。政府类、学校类和社会类主体群体都具有理想性意象是愿景共同体存在的前提。但在现实实践中,政府类主体群体对高等教育评估实践的理想性意象愿景未明确规定,其对评估实践的引领功能缺位;学校类主体群体对高等教育评估实践的理想性意象愿景缺乏必要凝练和设定,更未在高校内部评估实践中发挥其对内部成员凝聚力、向心力和感召力的作用;社会类主体群体对高等教育评估实践的理想性意象缺乏长远思考,其更倾向于设定市场愿景,在高等教育评估实践发展方面缺乏发展性建树,同时受制于内部群体的差异化,其在高等教育评估实践的理想性意象描述方面更难实现内部的一致性。其次,亚群体评估实践当下意象离散化。政府类、学校类和社会类主体群体高等教育评估实践意象离散化,三类主体群体评估实践目标各自为政或方向各异。如政府类主体群体评估实践目标倾向于设定为高校对国家或地方政策的执行度,以及高等教育对国家战略需求的支撑度和保障度;学校类主体群体评估实践倾向于解决高校内部面临的质量保障问题,而这种质量问题来自高校自身对办学质量的设定或理解;社会类主体群体评估实践倾向于追求符合身份特征或代表的群体利益的目标,而这种目标本身具有利己性。不同类型群体评估实践目标的设定立场和实际结果的差异性,导致高等教育评估各类主体群体的共同理想性意象缺乏成长基础。

(二)评估主体亚群体共同感知缺位

评估主体亚群体共同感知意指高等教育评估主体亚群体之间共同的评估实践经历与相通的评估感知,其是评估主体群体精神共同体的经验性基础。评估主体亚群体共同感知缺位是评估主体亚群体难以在高等教育评估事务上产生共识的认知性根源。一方面,从时间维度看,高等教育评估主体亚群体缺乏必要的共性实践经历。政府类主体群体的评估实践源自新中国成立以来管理高等教育的不断探索,并是在理论研究和实践创新基础上形成的,是同中国高等教育管理制度同根同源、赓续中国文化的评估实践文化。学校类主体群体的评估实践主要是在办学环境中,通过不断参与外部评估实践、借鉴高等教育发达国家高校实践做法而形成的实践文化。其实践经验既根植于学校实践环境又源自外部经验借鉴,既有学校语境的自主创新又有外部评估的被动接受,既是学校内部质量的自我监督者又是学校内部质量的生产者,质量生产与质量评估基本同根同源。社会类主体群体的评估实践因内部亚群体不同而又有所差异。其中,企业型专业机构评估实践受发达国家高等教育社会类主体评估实践影响大,科研机构或行业组织评估实践文化也受发达国家同类科研机构或行业组织评估实践文化的影响居多,而用人单位独立开展高等教育评估实践经验缺乏,家长参与高等教育评估实践经验更是稀少。因此,社会类主体群体内部的高等教育评估实践经验发展参差不齐,实践文化根源各异。另一方面,从空间维度看,高等教育评估主体亚群体缺乏必要共性感知环境。政府类、学校类、社会类主体亚群体身份背景和工作环境不同,政府类主体群体工作内容主要是公共性管理事务,评估权力属于国家公权力,在某种意义上具有绝对的评估话语权和统摄力,评估决策立足于更大的社会生态环境,考虑高等教育对国家政治、经济、文化等领域的支撑,因而评估实践具有行政部门特定的实践语境。学校类主体群体评估实践着眼于本校办学实践,主要立足于人才培养、科学研究、社会服务、文化传承创新等内部实践环境,以及高等教育系统和更大社会系统的外部环境,但内部实践环境是学校类主体评估实践的最根本环境,外部环境则是其评估实践的条件,因而评估面临的实践内容和任务更加具体,且不同高校的内部实践环境不同,因而具有的实践感知也存在差异。社会类主体群体受其各自的性质和掌握的资源条件差异,自身创建了彼此不同的社会实践环境,且社会类主体群体中不同评估主体从事的评估实践不同,在组织结构和机制上也存在较大差异,其评估实践感知差异大。就此而言,政府类、学校类、社会类主体群体因其身份背景和工作环境不同,即使在同一时代,不同类型主体获得的评估实践感知也存在较大差异。

(三)评估主体亚群体共同思维缺位

评估主体亚群体思维是评估主体提出评估问题、分析评估问题、解决评估问题的判断、推理、论证等的理性认识过程。评估主体亚群体共同思维则是不同评估主体亚群体在提出评估问题、分析评估问题、解决评估问题的过程中,在判断、推理、论证等理性认识方面表现出的一致性和共同性,其是评估主体群体精神共同体的核心要件。从某种意义上讲,没有不同评估主体亚群体的共同思维，就没有不同评估主体亚群体的统一性实践行为和共同信念。当前，我国高等教育评估主体群体共同思维缺席，各类评估主体亚群体思维存在较大差异性或不一致性。首先，政府类主体群体思维的管理特性。政府类主体群体的评估思维倾向于科层思维，在评估实践中善于通过政策法规固定程序和范围，在明确的权力等级上组织评估事务，通过书面政策文件规范评估行为，评估结果伴随行政奖惩手段等。科层管理思维的本质就是"管住"，带有"控制式"思维特征。其次，学校类主体群体思维的学术特质。一方面，学校类主体群体评估思维倾向于学术思维，强化评估逻辑体系和概念体系，重视评估原理和办学实践中科学性地解决问题。从某种意义上讲，学校类主体群体评估思维在评估判断、推理和论证上都更强调理论依据和事实证据，其概念化和系统性更强。另一方面，学校类主体群体评估思维属于典型的行动思维，即评估思维更聚焦学校具体的评估实践问题和具体高校办学语境，着眼于具体问题的具体解决或具体现象的具体诊断，更强调学校实践的具体改善。从这一点来讲，不同高校评估主体的行动思维也具有差异性，其与学校特有的内部质量保障文化有关。最后，社会类主体群体评估思维的市场特性。社会类主体群体评估思维属于典型的市场思维。市场思维的根本特征是以市场为中心、以顾客为中心和以资本为中心。社会类主体群体评估实践缺乏公共资源投入，因而通过从事评估实践获取利润是其生存根本，从而导致此类主体群体评估思维以创造市场、占有市场为主要策略，以聚集评估顾客或稳定评估客户为重要任务，运用评估市场法则，实现评估资本投入的价值增值和效益增长。就此而言，社会类主体群体评估的商业性可能更强于教育发展性。

（四）评估主体亚群体共同信念缺位

评估主体亚群体信念是评估主体确认或相信为"真"并坚持的观念。评估主体亚群体共同信念则是各类评估主体信以为"真"并坚持的共同观念。共同的评估信念是各类评估主体亚群体评估实践统一性的观念因素，是产生其他派生评估信念并形成指引评估主体统一性行为的主体意识。从某种意义上讲，共同信念是共同思维的结果，共同思维是产生共同信念的过程，共同信念产生后则对评估主体的系列行为具有约束性作用，其是同一评估主体各类评估行为或不同主体的不同行为具有一致性的基础。因此，没有评估主体亚群体共同信念也就没有评估主体精神共同体。当前，评估主体亚群体共同信念差异是评估主体群体精神共同体形成的又一障碍因素，其主要表现在三类主体群体的评估行为假设中。第一，政府类主体群体的质量监管信念。政府类主体群体评估信念主要基于管理学对人的基本假设，其倾向于认为高校办学质量需要监管，而评估则是监管高校办学质量的有效手段，高等教育或高校是评估监督的对象；其相信评估是检验高等教育质量符合国家质量标准要求程度的科学工具，是督促高等教育及其高校落实国家教育政策、主动提高高等教育质量的必不可少的外部条件。第二，学校类主体群体的质量监控信念。学校类主体群体评估信念主要基于高校内部质量监控的基本假设，倾向于认为评估能了解高校内部各环节、各方面运行质量信息，能诊断高校内部质量生产过程的问题，及时采取有效方法抑制问题的持续负面影响；同时倾向于将高校内部评估视为应对政府类主体群体评估和社会类主体群体评估的重要手段。第三，社会类主体群体的参与治理信念。社会类主体群体评估信念主要基于社会参与治理的基本假设，倾向于认为社会各类利益主体有权利、有责任、有义务参与高等教育及高校办学的治理；评估是高等教育外部利益主体了解高等教育质量信息、影响高校办学行为的重要途径；评估高等教育能够带来高等教育及高校办学的价值增值，同时社会类主体群体的评估利益诉求能够在高等教育中更好得以实现。

第五节　我国高等教育评估主体共同体创建策略

随着我国高等教育评估主体群体的发展，政府类、学校类、社会类主体群体在高等教育评估方面的诉求逐渐增多。各类主体群体对高等教育评估诉求的增加并不必然带来高等教育或高校办学质量的增长，其需要凝聚不同类型主体群体的评估合力，形成符合高等教育发展趋势和需求的高等教育评估主体共同体，共同支撑高等教育高质量发展，为国家建设高等教育强国战略提供强有力的组织保障。要发展我国高等教育评估主体共同体，就必须瞄准有利的高等教育评估效用结构设定，针对我国高等教育评估主体群体关系体的问题，遵循评估主体共同体的形成和发展规律，采取有效措施实现有质量的创新实践。

一、正视需要伦理：回归自然的评估主体

评估主体需要是评估主体群体评估实践的内在动因，也是评估主体个体之间或亚群体之间能够结成一体的原生态因素。但并非主体群体的任何需要都是激发主体群体评估实践的积极动因，或都能帮助评估主体亚群体间达成一致，这就涉及评估主体群体需要的深层次追问，即"什么样的评估主体需要"更有利于评估主体个体之间或评估主体亚群体间结成一体。这里将该问题称为评估主体需要伦理问题。分析评估主体需要伦理，将有利于创构统一的评估主体体制共同体。

（一）评估需要伦理与评估主体体制共同体

所谓需要伦理，即需要的正当性问题，即什么样的需要是善的需要。通常情况下，所谓"善的"，对其的理解可能存在多元性，甚至在不同语境中具体所指不同，因而也就意味着在不同的语境下，人们对"善的需要"的判断标准也就存在差异。尽管"善的"在不同语境下可能理解不同，但在本语境中，"善的需要"主要指有利于形成评估主体体制共同体的需要。因此，"善的"主要判断标准即是否更有利于形成评估主体体制共同体。要使善的评估需要有利于评估主体体制共同体的形成，就要理解"需要"的产生根源。从心理学视域看，评估需要是评估主体对具体事务的某种欲求，其与评估主体自身的某种"缺乏"或"缺陷"有关；也就是说评估需要是评估主体因缺乏某种事物而产生的一种希望获得该事物的心理倾向性，这种事物可能是实体之物或是精神之物。从这种意义上讲，评估主体需要的产生源自一种自身"补全"的心理倾向性。就评估主体需要产生动力而言，所谓评估主体自身"补全"的心理倾向应主要源自评估主体在评估事务上的自身缺陷或缺失。因此，从这个意义上讲，激发评估主体需要的关键不仅在于理解评估主体"有什么"，还在于理解评估主体"没有什么"；不仅在于理解评估主体"能怎样"，还在于理解评估主体"不能怎样"。当政府类、学校类、社会类主体群体真正理解在评估事务上"没有什么""不能怎样"后，当评估主体能够清楚地知道其他评估主体群体"有什么""能怎样"或者说能"提供什么""做什么"之时，三类主体群体的"缺乏"或"缺陷"都能从彼此那里获得"补全"，也即彼此都将对方作为需要的目标，这样三类主体群体就能彼此团结一致，从根源上获得形成体制共同体的内生动力。同时，高等教育评估主体群体

应正确辨别"善的需要",即三类主体群体应真正去感知和追求那些有利于彼此团结一致、共同致力于评估价值增值的需要,而这仅需回归三类主体群体评估实践的初心状态。

(二)回归政府类主体群体"善的"评估需要

要充分发挥政府类主体群体的职能,推动政府类主体群体同其他类主体群体在高等教育评估事务上协同工作、一致合作,就必须从根源上推动政府类主体群体正确理解评估需求,回归政府类主体群体参与高等教育评估的初心,反思政府类主体群体在高等教育评估事务上"善的"评估需求。从世界各国高等教育评估发展史来看,政府类主体群体参与高等教育的动力主要着眼于建构和维护良好的高等教育秩序需要。高等教育作为社会的重要组成系统,其本身就是政府管理社会的重要对象;而高等教育又同社会其他子系统不同,其作为高级人才培养的重要领域,既为国家各领域建设发展和参与世界竞争提供重要人才资源,又是公民享有的一项重要权利,是公民通过购买形式获得的重要教育服务,还是公共教育资源的重要投入领域。因此,政府部门作为国家统治和社会管理的机构,在公共领域服务公共利益,必须治理好高等教育,而评估则是其有效的手段。政府类主体群体通常通过权威的、强制的行为方式有效掌握高等教育发展状况,在宏观上对高等教育或高校服务公众的教育质量进行监控,以回应社会公众在高等教育领域的利益诉求,其可被视为政府类主体群体参与高等教育的必要性和初始动力,也是政府类主体群体在高等教育评估事务上的适切需求。

从政府类主体群体评估高等教育的实践历史来看,在一个结构简单的社会系统中,政府类主体群体通过评估行为能够满足这种初始需求。但随着社会各领域分化越来越细、越显复杂,社会成员诉求越来越多元,社会公众对高等教育的利益诉求也越来越多样而复杂,如果政府类主体群体要评估高等教育有效地回应社会各领域甚至各个公民利益主体的关切水平如何,其不仅需要庞大的组织体系,还需要投入无限的公共资源,这就需要政府类主体群体考虑评估高等教育的职能边界。因此,在高等教育评估实践中,政府类主体群体评估高等教育的职能职责需要立足于主要定位,回应高等教育在公共领域对公共利益诉求的满足情况。但高质量的高等教育作为社会各领域的现实需要,发挥着支撑社会发展的全面功能,因此,了解高等教育的非公共领域或各类特殊群体的利益诉求满足程度就存在"空位",这就为学校类和社会类主体群体评估高等教育实践留下合理空间,而此类空间也是政府类主体群体期待学校类和社会类主体群体"补位"的职能职责领域。

(三)回归学校类主体群体"善的"评估需要

学校类主体群体作为办学主体,既是质量生成主体又是质量保证主体。从某种意义上讲,构成学校类主体群体的高校既有评估需要又有评估义务。同样,要合理定位学校类主体群体在高等教育评估事务上的职能职责,帮助其意识到"善的"评估需求,就必须从其评估需要的根源出发,反思学校类主体群体的评估需要及其同政府类和社会类主体群体评估需要的关系。事实上,从高等教育诞生之始,学校类主体群体对自身办学活动进行评估也就相继产生了,从这种意义上讲,学校类主体群体评估高等教育与高校办学实践同根同源,其本身就是高校办学实践不可分割的一部分。

学校类主体群体评估高等教育,缘起的评估需要至少涉及三种因素:一是高校改进办学质量的需要。如学校内部职能部门要系统了解高校人才培养、科学研究、社会服务的质量和水平,需要借助评估手段。二是高校向校外利益主体证明学校办学质量和水平的需要。如高校要向教育行政部门、用人单位、家长等利益主体证明办学质量,就需要通过评估手段回应利益主体的关切,以争取更多的办学资源。三是高校内部治理的需要。如高校要推动内部治理,落实高校办学顶层设计、人才培养、科学研究等政策要求,就需要通过评估监控校内各环节的实施状态,并运用行政手段促进其改善。有鉴于此,学校类主体群体评估高等教育的初衷聚焦于学校内部具体办学活动,是学校自身发展的需要;而从评估本身的技术伦理来讲,学校类主体群体对自身办学活动进行评估,不仅有技术的便捷性,而且有资源的优势,是一种反思性质量文化在高校评估实践的具体体现。高等教育是一种人类社会实践活动。高校办学是一种社会性实践,其不仅涉及高校本身,还涉及高校外部主体的利益。因此,高校办学是一种开放的教育实践,客观、科学评估高校办学质量就不能仅仅局限于学校内部主体,而需要学校外部的社会类和政府类主体群体的参与,以实现高校办学与政府管理部门和社会用人单位等发生联系,而这正是学校类主体群体评估的

"空位",其为政府类和社会类主体群体评估高等教育实践留下应有空间,而此空间也是学校类主体群体期待政府类和社会类主体群体"补位"的职能职责领域。

(四)回归社会类主体群体"善的"评估需要

无论从高校的人才培养、科学研究、社会服务哪一个领域来讲,社会主体都是高等教育的主要消费者。因此,高等教育对社会类主体群体而言,并非孤立存在,而是紧密相关,甚至直接涉及社会类主体群体的利益。基于此,社会类主体群体既是高等教育的参与者又是高等教育质量的监督者。要区分社会类主体群体在高等教育评估中"善的"评估需要,就必须立足社会类主体群体参与高等教育的根源,反思社会类主体群体的评估需要及其同政府类、学校类主体评估需要的关系。

从高等教育评估实践本身来讲,社会类主体群体评估需要至少源自两个根源性因素:一是高等教育的社会性需要。高等教育是从人类社会高级专业性生产劳动中分离出来的产物,高等教育自从承担为社会培养高级人才的社会职能后,也就成为专门传递和生产社会经验、培养高级人才的专业性实践活动。从这点讲,高等教育评估实际上是社会性评估分离出来的一类专门性评估,其本身就是社会类主体群体评估活动的分支,是社会各领域对高等教育诉求的表达路径。二是社会类主体的教育性需要。社会各领域是高校输出人才、科研成果、技术服务等的主要面向领域,评估高等教育的社会类主体群体作为社会各领域的代言人和维护者,既精通行业领域生产管理实践,又熟悉高等教育实践,因而是社会各领域影响高等教育的理想沟通者和协调者。从社会类主体群体评估需要的根源因素来看,社会类主体群体评估高等教育的职能职责需要应主要定位在回应社会各领域对高等教育的关切,考察高等教育满足社会各领域需求的程度之上。但社会类主体群体评估需要对高等教育的关注主要属于产出层面或结果环节,而办学过程质量水平的要求和高等教育符合国家对人才培养基准的要求成为"空白",这就为学校类和政府类主体群体评估高等教育实践留下合理空间,而此类实践空间成为社会类主体群体期待学校类主体和政府类主体"补位"的职能职责领域。

二、优化角色网络：创构协同的评估主体机制共同体

评估主体机制共同体在某种意义上就是一个协同的评估角色网络，而形成协同的评估主体机制共同体的关键就是构造相互调适的评估主体角色网络。莫雷诺(J.L.Moreno)在《谁将生存》一书中认为，社会组织是一种规范和引导行为的角色网络。高等教育评估主体群体机制共同体作为一种特殊的社会组织形态，其本质也是一种规范和引导行为的角色网络，这种角色网络是个体与社会互动中被构造的。正如林顿(R.Linton)所言，在这个社会结构中存在三个要素，即位置网络，相应的期望系统，同位置网络和期望系统相联系的行为模式。因此，构建角色网络化的评估主体协同机制，其实质就是构建协同的评估主体位置网络、同位置网络相适应的期望系统、同位置网络和期望系统相适应的行动模式。

(一)创构评估主体相互认同的位置网络

政府类主体群体、学校类主体群体、社会类主体群体在整个高等教育评估主体群体中占据特定的位置，且不同的位置之间相互联系或联结，从而构成了评估主体亚群体之间的关系网络。在这个关系网中，政府类主体群体从自身角色出发同学校类和社会类主体群体发生联结，学校类主体群体从自身角色出发同政府类和社会类主体群体发生联结，社会类主体群体从自身角色出发同政府类和学校类主体群体发生联结。当三类主体群体彼此都从自身角度出发同对方发生联结时，三类主体群体间就发生了交往互动，而在交往互动中产生相互调适，在相互调适中形成自我认同、相互认同的评估主体亚群体位置网络结构。所谓认同，曼纽尔·卡斯特(M.Castell)认为是人们意义与经验的来源，是在相关的整套的文化特质的基础上建构意义的过程，对特定的个人或群体而言，可能有多重的认同。[1]这里所谓的评估主体亚群体位置网络结构认同，不同于一般意义上亚群体位置网络结构角色。正如曼纽尔·卡斯特所言，传统社会学家所说的角色或角色设定是由社会的组织与制度所架构的规范来界定的，而它们影响人们行为的程度取决于个人与这些制度及组织的协调与安排，而认同则是由行动者经由个别化的过程而建构的[2]。就此而言，高等教育评估主体亚群体自

---

[1] 曼纽尔·卡斯特.认同的力量[M].夏铸九,黄丽玲,等译.北京:社会科学文献出版社,2003:3.

[2] 曼纽尔·卡斯特.认同的力量[M].夏铸九,黄丽玲,等译.北京:社会科学文献出版社,2003:3.

我认同和相互认同各自在互动网络结构中的位置就涉及三层实践领域：一是评估主体亚群体确认自身在整个评估主体群体中的角色,这种角色需要由评估主体原初共同体体现的亚群体评估需要来设定,并由相应制度来确认；二是评估主体亚群体要认同自身在互动网络结构中的角色设定,即将原初共同体体现的亚群体设定内化为亚群体行动目的并进行自我维系的确认；三是评估主体亚群体间互相认同彼此自我认同的角色设定,即正视对方评估行动的目的并加以认可,在行动中主动维系对方的角色设定,不混淆自己与其他亚群体的评估行为的意义和功能。通过这个过程,政府类、学校类、社会类主体群体能够形成相互认同的互动网络结构框架,形成协同的评估主体机制共同体的结构基础。

（二）创构评估主体相互需要的期望系统

所谓期望系统,主要指评估主体群体对未来的一种向往或期待,具体讲,是指政府类、学校类、社会类主体群体对自身需要得到满足和彼此满足对方需要的一种向往和期待。从某种意义上讲,评估主体群体的期望系统是评估主体群体互动或采取行动的动力系统,对评估主体亚群体按照认同的角色采取行动具有激励作用。行为科学家维克托·弗鲁姆(V. Vroom)通过研究发现,行为主体的积极性或潜力调动程度取决于行为主体认为达到目标的把握度和目标对行为主体的价值大小。行为主体认为达到目标的把握度越高、目标满足自身需要的价值越大,其采取行为的积极性就会越高,越容易挖掘出自身内在的潜力。同样,在高等教育评估主体群体中,政府类、学校类和社会类主体群体对评估行为达到目标的把握度越大,评估追求的目标满足评估主体群体评估需求的程度越高,评估主体群体就越容易把设定或认同的评估行为付诸实践。基于此,高等教育评估主体群体需要发展能够满足彼此需要的期望系统。在这种系统中,政府类、学校类、社会类主体群体按照相互认同的角色积极进行评估实践。首先,政府类主体群体应强化高等教育监管者的角色定位,将评估目标设定为满足高等教育公共领域的公共利益,集中资源优势满足监管高等教育基准质量的评估需要,增强满足监管需要的能力和程度；同时建立从学校类、社会类主体群体评估中满足缺失性评估需要的期待。其次,学校类主体群体应强化高等教育办学者的角色定位,将评估目标设定在满足办学质量"创生"与提升的领域,增强满足质量发展需要的能力,集中资源优势满足提升人才培养、科学研究、社会服务质量的评估需要,不断强化内部评估监测能力,对内增强自我质量评估满足程度,对外增强自我质量举证满足程度;同时建立从政府类、社会类主体群体中满足缺失性评估需要的期待。最后,社会类主体群体应强化高等教育监督者的角色定位,将评估目标设定在满足联结高等教育与社会各领域需要的领域,增强评估联结高等教育与社会需要的能力,提升满足社会类利益主体参与高等教育需要的程度。

(三)创构评估主体联结统一的行动模式

协同的高等教育评估主体机制共同体最终体现为政府类主体群体、学校类主体群体、社会类主体群体评估实践共同联结成统一的行动模式。这种统一的行动模式具有内在的社会动力机制,可称为评估行为价值的交换机制。正如费迪南·滕尼斯认为,如果按照劳动时间量来衡量商品的价格,在存在一个确定的社会性必要劳动量情况下,所有人都会愿意选择从事自己最有能力生产的同一种商品,以便就个体来讲生产同类商品能够花费最少的劳动时间量;同样,如果把社会看作一个共同体式的共同劳动,每个个体都为共同体生产商品,那么每个个体都会愿意接受共同劳动中的一个环节,为全体劳动贡献自己的力量;每个个体的需要并不能通过个体在一个环节中生产的商品而得到满足,因此通过社会交换,个体放弃自己生产的剩余价值,换取其他个体生产的、自己需要的等同价值。[①]按照这种设定,如果把高等教育领域的政府类、学校类和社会类主体群体评估行动视为社会劳动,三类主体群体的统一行动模式也能得到有效建构。首先,高等教育评估主体群体评估应被视为一种共同评估,在这种共同评估中,政府类、学校类、社会类主体群体均为整个共同体而评估,其都是共同体评估中的重要一环或构成部分,而每类主体群体的评估行动既满足自身评估需要,同时也为其他类型主体评估需要的满足提供价值。其次,政府类主体群体评估行动按照位置网络中认同的监管角色,按照期望系统中三类主体群体相互需要的期待行事,强化自己最擅长和最有能力开展的质量监管评估行动,并通过交互机制将评估行动的结果分享给学校类和社会类主体群体,以满足此两类主体群体在该领域的原初性评估需要。再次,学校类主体群体评估行动遵循位

---

① 斐迪南·滕尼斯.共同体与社会——纯粹社会学的基本概念[M].张巍卓,译.北京:商务印书馆,2019:76.

置网络中认同的办学角色,按照期望系统中三类主体相互需要的期待行事,强化自己最擅长和最有能力开展的内部质量生成与监控评估行动,并通过交互机制将质量生成与监控评估结果共享给政府类和社会类主体群体,以满足此两类主体对该领域的原初性评估需要。最后,社会类主体群体评估行动遵循位置网络中认同的联结高校和社会各领域的中介角色和监督角色,按照期望系统中三类主体相互需要的期待行事,强化自己最擅长和最有能力开展的社会效益评估,并通过交互机制将结果共享给政府类和学校类主体群体,以满足此两类主体在该领域的原初性评估需要。

三、革新精神源流:创构和合的评估主体精神共同体

通过发展统一评估主体群体精神谱系,推动政府类、学校类、社会类主体群体形成精神共同体,进而维系评估主体的行动模式,实现评估主体群体间行动的有效整合,使评估主体群体间的协同机制成为各类主体群体交互的自觉评估行为。

(一)树立评估主体群体和合的评估共同愿景

发展评估主体精神共同体需要建立和合的评估共同愿景。所谓愿景,简言之,即希望实现的远景,通常是组织成员形成的、引导并激励组织成员的未来景象描绘。共同评估愿景是一种集体评估愿景,即评估组织成员共同形成的、引导并激励所有评估组织成员的未来评估景象描绘。从这种意义上讲,组织的共同评估愿景是组织所有成员愿意为之努力的更加具体化、生动化的集体评估实践目标,是组织所有成员努力或贡献的共同方向。高等教育评估主体群体共同愿景意指政府类、学校类、社会类主体群体共同拥有的、引导和激励各类亚群体为之努力的未来评估景象描绘。和合的共同愿景则要求共同愿景必须是政府类、学校类、社会类主体群体共同认同的、能达成和谐统一的评估景象。其至少具有三个特征:一是政府类、学校类和社会类主体群体有着同一愿景目标。即三类主体建构了高等教育高质量评估主体体系的相同构想,这种构想被三类主体认同,并成为共同的努力对象。二是政府类、学校类和社会类主体群体清楚地知道自己在同一愿景目标中努力的目标,以及其他主体在其中的努力目标,三者目标整合以全面实现三类主体认同的同一愿景目标。三是政府类、学校

类、社会主体群体各自的愿景目标应蕴含其他两类主体群体的愿景目标,以实现目标之间的有效联结。

(二)生成评估主体群体相通的共同评估感知

共同评估感知是评估主体群体通过评估实践对评估的共同感性认知。相通的共同感知则是指政府类、学校类、社会类主体群在各自评估实践中获得的共同感性认知,能够被彼此所理解或感同身受。获得相通的共同评估感知有赖于政府类、学校类和社会类主体群体共同的实践经历和共情式理解。生成政府类、学校类和社会类主体群体相通的共同感知至少有三条路径:一是通过集体实践获得相同的评估感性信息。即政府类、学校类和社会类主体群体在共同的评估实践语境中具有相同的经历更容易使彼此的感性认识达成共鸣,如彼此参与对方的评估实践。二是通过移情反思获得相同的评估感性认识。即政府类主体群体既站在监管立场体念评估实践,又站在质量生成与监控立场以及联结高等教育与社会各领域立场观察自身评估实践;社会类主体群体既站在联结高等教育与社会各领域立场观察自身评估实践,又站在监管立场和质量生成与监控立场观察自身评估实践;学校类主体群体既站在质量生成与监控立场观察评估实践,又站在监管立场和联结高等教育与社会各领域立场观察自身评估实践。三是通过交流对话交换评估感性认知。搭建评估经验交流平台,定期开展政府类、学校类、社会类主体群体的评估经验交流,实现评估感性认知信息对等,增进彼此理解。

(三)增进评估主体群体共赢的评估思维共享

思维共享意指评估主体群体的思维交流。思维共享具有特定的思维特质,如强调思维的差异是一种资源,交流想法或想法间相互联系能够创新或带来新价值,强调相互依存[①]。增进评估主体群体共赢的评估思维共享,就是主张政府类、学校类、社会类主体群体通过思维交流实现三类主体的共赢,或彼此思维的增值。实现评估主体群体共赢的评估思维共享至少可从三个方面积极实践:一是表达评估主体自身的核心价值观。没有思维的差异也就没有思维的共享,核心价值观是评估主体身份的表征,如政府类主体群体的核心价值观就是评估即质量监管,学校类主体群体的核心价值观就是评估即质量增长与自我监控,社

---

① 道娜·马尔科娃,安吉·麦克阿瑟.协同的力量:与思维方式不同的人共同思考[M].胡晓姣,陈志超,熊华杰,译.北京:中信出版社,2017:253—254.

会类主体群体的核心价值观就是评估即高等教育与社会各领域的有效联结。政府类、学校类、社会类主体群体在思维交流中需要坚守自己的核心价值观,强化对自己真正重要的评估因素,同时向对方清楚明晰地表明自己的核心价值观,让对方知晓自己最关切的评估因素。二是辨别并尊重彼此存在差异的价值观。清楚地识别彼此思维过程中核心价值观的差异,以及重视并认同彼此价值观的这种差异,是实现差异性思维共存的基本条件。因此,政府类、学校类、社会类主体群体需要清楚地知道彼此思维的重要差异,并尊重彼此差异性思维的价值,从而通过他人的思维来理解自己的思维,即用彼此的思维逻辑相互理解对方,从而扩大核心价值观的内涵。三是通过关系型思维融合存在差异的核心价值观。正确理解价值观差异的根源能更好接纳彼此的价值观。因此,政府类、学校类、社会类主体群体需要合理分析彼此思维差异的根源,从高等教育管理者、高等教育办学者、高等教育消费者等社会身份视角理解彼此差异的正当性,真正理顺差异性思维之间的关系,从价值观差异满足彼此评估需要的视角接纳并认同这种价值观差异,从而实现三类主体评估思维的共通性。

(四)建立评估主体群体共生的共同评估信念

共同评估信念是评估精神共同体的终极表现形式。评估信念作为评估主体确信的、认同的评估观念,是决定评估主体实践行为的深层因素;共同评估信念则是政府类、学校类和社会类主体群体共同确信的、共同认同的评估观念,因而是决定三类主体群体实践体系结构的深层因素。共生的共同评估信念则意指政府类、学校类和社会类主体群体的具体评估信念彼此相互促进、相互生长,共同统一于更高层次的共同评估信念,即评估引领高等教育高质量发展。一是评估规范质量提升。其为政府类主体群体应持有的具体评估信念,即有效的评估能够通过监管高等教育质量催动其积极提升。二是评估实现质量"生长"。其为学校类主体群体应持有的具体评估信念,即有效的评估能够通过质量生成过程和自我监控实现高等教育质量的持续提升。三是评估提升质量效益。其为社会类主体群体应持有的具体评估信念,即有效的评估能够通过联结高等教育与社会各领域提升高等教育质量的社会效益。四是评估服务质量"创生"。即规范质量提升、实现质量"生长"和提升质量效益之间彼此相依、共生共存,共同致力于服务高等教育质量创新发展,而三类主体群体评估信念是其有机构成部分。

第五章

高等教育全方位评估范畴整合

评估效应协同和评估主体共同体为政府类、学校类和社会类主体群体协同评估高等教育建构了效用目标和主体机制。但三类主体群体要协同开展高等教育评估，还必须从评估效用和主体机制出发，区划政府类主体群体从监管服务维度评估高等教育，学校类主体群体从高水平办学维度评估高等教育，社会类主体群体从生产建设服务导向维度评估高等教育的范畴，推动实现多类主体群体评估范畴的区划与整合，从而为高等教育协同评估实践创构有效的内容体系。

第一节 高等教育评估范畴整合的意蕴

评估范畴整合是高等教育多类主体群体协同评估体系在评估内容维度的重要体现。要探索高等教育评估范畴整合路径，就需要深刻理解评估范畴统整的内涵，并结合高等教育的特定语境，洞悉高等教育评估范畴整合的本质。

一、何谓整合

所谓整合，其英语动词为"integrate"，名词为"integration"，其词根"integr-"意指"整""全"，动词意指"使结合成一整体，使一体化"，名词意指"整体化、一体化"。在汉语世界中,整合在汉语词典中解释为通过整顿、协调使分散的彼此衔接,并最终形成整体。因此,从英语和汉语中"整合"一词的一般所指来看,其主要意指使分散的部分形成一个整体。就此而言,分散的部分强调差异性,而整体则强调系统性,即使离散的差异部分成为一个系统的整体。在社会哲学中,整合"指几个不同部分联合成整体的过程……,联成整体的各部分可以具有不同的自主程度"。从事物发展的角度看,整合至少在两个维度有所指:一是时间维度上的整合,即意指使事物发展过程具有连续性,主要强调事物在不同发展阶段和发展状态的继起关系;二是空间维度上的统整,即意指使事物构成要素或部分具有系统性,主要强调同一时空下事物构成要素或部分间的联结方式。

二、评估范畴整合的内涵

所谓评估范畴整合,即指使评估范畴的不同部分形成一个整体。评估范畴则是指评估所指向的具体领域。任何评估都涉及评估对象的具体领域,针对同一事物的不同评估之间的根本差异在于指向评估对象的具体领域不同,也即评估事物的范畴不同。通常情况下,可以把事物看作一个整体,其包含若干范畴或者说若干具体领域,如果把事物看作一个整体,范畴则是整体的具体构成领域,而整体则是由若干具体领域按照特定方式组合而成的系统。从这种意义上讲,评估范畴整合就是使指向同一事物的若干部分评估领域联合形成评估领域系统,但联合形成评估领域系统的部分评估领域具有相对独立性。评估范畴整合可从两个维度理解:一是在时间维度上,评估范畴整合意指使同一评估领域在不同发展阶段体现出延续性;二是在空间维度上,评估范畴整合意指使构成评估领域系统的某部分评估领域具有系统性,以及使构成评估领域系统的各部分评估领域间具有和合性。

三、高等教育评估范畴整合的内涵

高等教育作为人类社会的特殊实践活动,其由若干具体领域构成。高等教育评估则主要是对高等教育实践的具体领域的评估,而高等教育评估范畴则是指具体评估活动所指向的高等教育的具体领域。有鉴于此,高等教育评估范畴整合,则意指使若干评估指向的高等教育实践具体领域形成一个系统的过程。同样,高等教育评估范畴整合也涉及两个维度:一是在时间维度上意指使评估活动指向的高等教育实践具体领域在不同发展阶段具有系统性;二是在空间维度上意指使构成评估实践领域的某个具体评估领域内部结构具有系统性,以及使构成高等教育评估实践领域系统的若干高等教育评估具体领域间具有和合性。从某种意义上讲,高等教育评估范畴整合设定了构成高等教育评估实践领域系统的各具体领域间具有差异性,其整合还有消除不同评估项目间评估具体领域重复交叉的意蕴。

第二节　国际高等教育评估范畴架构

从世界高等教育评估发展来看,尽管不同国家高等教育的主要评估范畴存在差异,但同类管理范式的国家在评估范畴上仍具有相似之处。分析这些国家高等教育评估范畴的构成特征,对反思我国高等教育评估范畴现状,创新我国高等教育评估范畴实践领域系统均具有启发。有鉴于此,这里试图对主要的分权型、集权型、合理授权型高等教育评估范畴进行考察。

一、分权型评估范畴架构

在分权型评估机制中,政府类主体群体将评估内容聚焦在高校基本质量、办学绩效考核和第三方评估机构资质认证上。如美国各州实施的高等教育质量评估,主要对私立学校办学许可和对公立学校办学绩效进行评估,以对高等教育办学质量进行鉴定;加拿大部分省市政府通过考核学校关键绩效指标实现对高等教育人才培养质量的评估和监控[1];美国联邦政府和韩国教育科学技术部制定第三方评估机构评价标准和评估准则,考察评估机构的基本条件、评估与认证指标、评估与认证程序和周期、实施方法等,认证第三方评估机构开展评估与认证的资质。社会类主体群体独立实施的评估项目内容包括院校评估、专业认证与评估、院校排名等。全国性评估机构一般开展院校评估,如加拿大本

---

[1] 李中国,皮国萃.加拿大高等教育质量保障体系及其改革走向[J].黑龙江高教研究,2013(02):41-44.

科教育评估委员会(CEEC)、英国高等教育质量保证署(QAA)、韩国大学教育协会。专业认证机构开展专业认证与评估,如美国工程与技术认证委员会(ABET)、韩国工程教育认证委员会(ABEEK)、加拿大医学会等。社会媒体开展院校排名评估,如《美国新闻与世界报道》《泰晤士报》《麦克林》等杂志。此外,部分国家也根据需求由专门评估机构开展高校会员资格认定、科研水平评估、学术评估、评估机构资质认定等。学校类主体群体主要聚焦办学活动,强调高校自治和自我评估,重视高校建立内部质量保障体系,把办学活动涉及的更多事务纳入评估对象。此外,学校类主体群体针对政府类、社会类主体群体评估需要,将这两类主体群体的评估内容纳入自身评估范畴。

二、集权型评估范畴架构

在集权型评估机制中,政府类主体群体评估内容涉及高等教育领域较广,包括院校办学质量、科研质量、学位授位质量、专业发展水平、课程建设质量等。如法国为达到欧洲高等教育质量保障体系要求,由法国研究与高等教育质量评鉴署(AERES)负责全面评估法国的科研和高等教育,包括高校及其下属的科研和教学机构以及所有的研究机构、科学合作基金会和法国研究委员会的职能和活动[1];俄罗斯为达到欧洲高等教育质量保障体系要求,2004年建立俄罗斯联邦教育与科学督查署负责对俄罗斯高等教育质量进行保障、评估、认证与监测,2013年起开展高校效益评估,并先后成立包括俄罗斯国家公共认证中心等5家机构,对俄罗斯及其境外高等院校、专业和课程进行鉴定、评估与认证[2];印度大学拨款委员会(UGC)于1994年成立国家评价与认证委员会(NAAC)评估和认证大学、学院、高等教育机构质量,同年全印度技术教育委员会(AICTE)也下设全国认证委员会(NBA)定期评估和认证技术类高校及其课程质量[3];马来西亚于2005年成立马来西亚资格认证署(MQA),负责国内高等教育的项目认证与评估、院校审核评估和自我认证审核。社会类主体群体评估高等教育的内容较少,对政府类主体群体开展评估或认证无较大影响,更多是通过监督高校和协

---

[1] 江小平.法国研究与高等教育评估机构简介[J].国外社会科学,2009(03):121-123.
[2] 冯晖.俄罗斯专业认证的特点及其启示[J].上海教育评估研究,2013(04):28-34.
[3] 刘淑华,彭婵娟.20世纪90年代以来印度高等教育外部治理变革[J].高等教育研究,2017(11):94-100.

助政府部门提高高等教育办学质量和对外影响。学校类主体群体主要聚焦政府类主体群体的评估和认证内容进而开展自我评估。如法国高校根据与法国AERES签订的评估协议开展自我评估。

三、合理授权型评估范畴架构

在授权型评估机制中,评估内容分布涉及两类情形。一类是政府类主体群体将高等教育评估的部分职能合理授权于社会类主体群体,政府类、学校类、社会类主体群体同时作为高等教育评估发起主体并实施相关评估。如日本大学审议会于1998年发布《关于21世纪的大学与今后的改革方案》报告,提出设置专门化评估机构,建立多元化评估体系,颁布系列法律促使日本高等教育评估走向多种评估主体共同实施的多元化评估。日本文部科学省作为政府高等教育评估机构,主要开展高等院校设置认证以及对第三方评估机构进行资质认证;国立大学评估委员会对国立大学法人进行评估;第三方评估机构主要开展院校评估、专业评估与认证等。日本高等学校自我评估这一质量保障形式是随着1991年《大学设置基准》的大纲化而出现的新型制度,制度规定学校要开展自我评估,提高教育和研究质量,发挥学校的社会责任,赢得社会理解和支持[①]。另一类是由政府设立独立于政府与高校的第三方评估机构,其委托专业组织开展高等教育评估,形成由政府指导、专业团体实施相关评估的模式。如丹麦由政府成立丹麦教育评估协会(EVA),实施从学前教育到研究生教育的评估,该协会由主席团进行管理,教育部部长对主席团成员进行任命,但有关法律明确指出要保证主席团实质性的独立和完整[②];外部督查员制度中,由政府任命外部督查员对各级各类学校的教育质量进行督查,政府强调外部督查工作的独立性和公正性(见表5-1)。

---

① 郑晓齐.亚太地区高等教育质量保障体系研究[M].北京:北京航空航天大学出版社,2007:5.
② 张彦通.欧洲地区高等教育质量保障体系研究[M].北京:北京航空航天大学出版社,2007:279-280.

表5-1 国际高等教育评估范畴架构

评估管理类型	国家	评估主体		评估对象和内容
分权型	美国	政府	美国联邦教育部(USED)	民间认证机构资质认证
			美国各州	私立学校许可评估
				公立学校绩效评估
		社会	高等教育认证协会(CHEA)	民间认证机构资质认证
			全国性认证机构	全国信仰性院校和职业院校等院校认证
			地区性认证机构	所在地区高等学校院校认证
			专业(职业)认证机构	专业认证
			《美国新闻与世界报道》杂志等媒体和社会机构	高等院校排名评估
		学校	美国佛罗里达大学人文与社会科学研究中心《美国最佳研究型大学》	研究型大学综合实力评估
			高校	自我评估
	英国	社会	高等教育质量保证署(QAA)	学术评估
				院校评估
				专业评估
			高等教育基金委员会(HEFCs)	科研水平评估
			《泰晤士报》《金融时报》,工商企业和商业团体等	高等院校排名评估
		学校	高校	课程评估
				学校评估
	加拿大	政府	地方政府	学校绩效考核
			州评估监控机构	学位质量评估
		社会	加拿大高等院校联合会(AUCC)等协会组织	会员资格认定
			本科教育评估委员会(CEEC)	院校评估
			专业认证机构	专业认证与评估
			《麦克林》时事杂志社等媒体和社会机构	高等院校排名评估
		学校	高校	自我评估

续表

评估管理类型	国家	评估主体		评估对象和内容
分权型	韩国	政府	韩国教育科学技术部	评估认证组织认定
		社会	韩国大学教育协会	学校综合评估与认证
			专业认证机构	专业认证
		学校	自评规划委员会	综合评估
				学科评估
集权型	法国	政府	研究与高等教育质量评鉴署（AERES）	院校评估
				专业评估
				科研评估
				学位评估
		学校	高校	根据与AERES签订的评估协议开展自我评估
	俄罗斯	政府	联邦教育与科学督查署	高校综合评估（办学许可、国家评估、国家鉴定）
				高等教育数据监测
				高校排名
				公立高校效益评估
			俄罗斯国家公共认证中心等国家级评估机构	院校评估
				专业认证与评估
				课程认证与评估
		学校	高校	根据《高等教育国家教育标准》开展自我评估
	印度	政府	国家评价与认证委员会（NAAC）	大学、学院、高等教育机构评估和认证
			全国认证委员会（NBA）	技术类高校及其课程评估和认证
		学校	内部质量保障机构	自我评估
	马来西亚	政府	马来西亚资格认证署（MQA）	项目认证与评估
				院校审核评估
				自我认证审核
		学校	大学内部质量保障机构	自我评估

续表

评估管理类型	国家	评估主体		评估对象和内容
合理授权型	日本	政府	文部科学省(MEXT)	大学设置认证
				民间评估机构资质认证
			国立大学评估委员会	国立大学法人评估
		社会	大学基准协会(JUAA)	学位授予机构评估
			大学评价及学位授予机构(NIAD)	大学和大学联盟研究机构院校评估、专业评估、研究活动评估
			工程教育评估处(JABEE)	工程专业认证
		学校	高校	自我评估
	丹麦	政府	教育部	大学绩效合同签订
		政府指导/专业团体实施	丹麦教育评估协会(EVA)	学前教育到研究生教育评估
			外部督查员	高校质量监查
		学校	高校	自我评估

四、国际高等教育评估范畴架构启示

从世界各国高等教育评估范畴区划来看，不同管理类型的国家高等教育评估范畴均强化多元内容系统布局。一是政府类主体群体评估更需聚焦高校办学资格、基准办学质量、办学基本绩效、评估机构或组织资质及其工作质量等范畴。二是社会类主体群体评估以及体制内和体制外专业性评估机构评估更需聚焦高等教育专业性领域、办学质量水平、学科专业课程质量水平、教育服务行业产业能力等范畴。三是学校类主体群体评估更应聚焦内部质量保障体系、学科专业课程建设、自身教育和研究活动、办学资源条件等范畴。

第三节　我国高等教育评估范畴构成

我国高等教育评估实践几乎覆盖高等教育所有领域。从高等教育评估主体视角来看,政府类主体群体评估实践所涉及的范畴最广、最全面,社会类主体群体评估实践所涉及的范畴相对集中,学校类主体群体评估实践所涉及的范畴校际差异性大。

一、政府类主体群体评估范畴

政府类主体群体的评估范畴包括国家层面和地方层面。

(一)国家层面政府类主体群体评估范畴

从国家层面评估高等教育范畴来讲,影响面大而广的评估范畴主要有三类,即院校综合性范畴、专业范畴、学科范畴。

院校综合性范畴聚焦人才培养。我国高等教育院校综合性评估领域主要瞄准本科院校教育教学工作和高职院校人才培养工作。

2013年以来,我国本科院校教育教学综合性评估主要有前后连续的两个项目:一是本科教育教学审核评估。其是当前正在实践中的评估项目,评估范畴主要聚焦本科教学工作,按照分层分类原则,不同层次或类别的本科院校教育教学审核评估的具体领域存在差异。第一类评估针对具有世界一流办学目标、一流师资队伍和育人平台,培养一流拔尖创新人才,服务国家重大战略需求的普通本科高校,具体评估领域涵盖"党的领导""质量保障能力""教育教学水平""教育教学综合改革"。其中,"质量保障能力"涉及质保理念、质量标准、质保机制、质量文化、质保效果;"教育教学水平"涉及思政教育、本科地位、教师队伍、学生发展与支持、卓越教学、就业与创新创业教育;"教育教学综合改革"涉及系统性、整体性、前瞻性、协同性教育教学综合改革与创新实践。第二类评估根据本科院校办学定位与历史不同,又分为三种:第一种针对以学术型人才培养为主要方向的本科院校,第二种针对已参加过上轮审核评估但重点以应用型人才培养为主要方向的本科院校,第三种针对首次参加审核评估的地方应用型本科院校。第二类评估主要涵盖7个普适性具体领域:办学方向与本科地位,涉及党的领导、思政教育、本科地位;培养过程,涉及培养方案、专业建设、实践教学、课堂教学、创新创业教育;教学资源与利用,涉及资源建设;教师队伍,涉及师德师风、教学能力、教学投入、教师发展;学生发展,涉及理想信念、学业成绩及综合素质、支持服务;质量保障,涉及质量管理、质量改进、质量文化;教学成效,涉及达成度、适应度、保障度、有效度、满意度。[①]根据不同办学定位与历史的差异,每个具体的评估领域既有共性领域又有特殊领域。二是本科教学工作审核评估。其为本科教育教学审核评估的前导性评估项目,评估针对统一审核范畴,主要聚焦本科教育教学工作,涵盖7个具体领域:定位与目标,涉及办学定位、培养目标、人才培养中心地位;师资队伍,涉及数量与结构、教育教学水平、教师教学投入、教师发展与服务;教学资源,涉及教学经费、教学设施、专业设置与培养方案、课程资源、社会资源;培养过程,涉及教学改革、课堂教学、实践教学、第二课堂;学生发展,涉及招生及生源情况、学生指导与服务、学风与学习效果、就业与发展;质量保障,涉及教学质量保障体系、质量监控、质量信息及利用、质量改进;自选特色项目。[②]两个综合性评估项目的评估范畴基本一致,但在具体评估领域方面,本科教育教学审核评估突出了阶段性高等教育实践重点或特色领域。

2008年以来我国高等职业教育综合性评估领域主要有两个评估项目:一是高职院校适应社会需求能力评估。该项目正处于执行阶段,其评估领域聚焦人才培养能力,主要涵盖5个具体领域:办学基础能力,涉及学校年生均财政拨款水平、教学仪器设备配备、校舍及信息化教学条件;"双师"队伍建设,涉及教师结构与"双师型"教师配备;专业人才培养,涉及专业人才培养模式、课程体系、校内外实践教学及校企合作情况;学生发展,涉及学校毕业生获得职业资格证书情况和就业情况;社会服务能力,涉及专业设置、向企事业单位提供技术服务和满足政府购买服务情况。[③]二是高职院校人才培养工作评估。该项目已完成

[①] 教育部.教育部关于印发《普通高等学校本科教育教学审核评估实施方案(2021—2025年)》的通知(教督〔2021〕1号)[EB/OL].(2021-02-03)[2022-08-06].http://www.moe.gov.cn/srcsite/A11/s7057/202102/t20210205_512709.html.

[②] 教育部.教育部关于开展普通高等学校本科教学工作审核评估的通知(教高〔2013〕10号)[EB/OL].(2013-12-12)[2022-08-06].http://www.moe.gov.cn/srcsite/A08/s7056/201312/t20131212_160919.html.

[③] 国务院教育督导委员会办公室.国务院教育督导委员会办公室关于印发《高等职业院校适应社会需求能力评估暂行办法》的通知(国教督办〔2016〕3号)[EB/OL].(2016-03-14)[2022-08-06].http://www.moe.gov.cn/srcsite/A11/moe_764/201603/t20160323_234947.html.

周期性评估实践,其评估领域聚焦人才培养工作,主要涵盖7个具体领域:领导作用,涉及学校事业发展规划、办学目标与定位、对人才培养重视程度、校园稳定;师资队伍,涉及专任教师、兼职教师;课程建设,涉及课程内容、教学方法手段、主讲教师、教学资料;实践教学,涉及顶岗实习、实践教学课程体系设计、教学管理、实践教学条件、双证书获取;特色专业建设,涉及特色;教学管理,涉及管理规范、学生管理、质量监控;社会评价,涉及生源、就业、社会服务。①高等职业教育的两个综合性评估项目在评估价值取向和重心上存在差异,高职院校适应社会需求能力评估仅涉及高职院校人才培养工作评估的部分具体领域。

专业范畴聚焦专业育人机制。我国高等教育专业评估领域主要瞄准专业人才培养体系。专业评估主要涉及四类,即工程教育专业认证、师范类专业认证、临床医学专业认证、专业学位水平评估。

工程教育专业认证涵盖学生、培养目标、毕业要求、持续改进、课程体系、师资队伍、支撑条件等7个具体领域。

师范类专业认证涉及分层分类认证,但总体涵盖了8个具体领域:培养目标,涉及目标定位、目标内涵和目标评价;毕业要求,涉及践行师德、学会教学、学会育人、学会发展;课程与教学,涉及课程设置、课程结构、课程内容、课程实施、课程评价;合作与实践,涉及协同育人、基地建设、实践教学、导师队伍;师资队伍,涉及数量结构、素质能力、实践经历、持续发展;支持条件,涉及经费保障、设施保障、资源保障;质量保障,涉及保障体系、内部监控、外部评价、持续改进;学生发展,涉及生源质量、学生需求、成长指导、学业监测、就业质量、社会声誉。

临床医学专业认证涉及10个具体领域:宗旨与结果,涉及宗旨、宗旨制定过程的参与、院校自主权和学术自由、教育结果;教育计划,涉及课程计划与教学方法、科学方法教育、人文社会科学与行为科学、自然科学课程、生物医学课程、公共卫生课程、临床医学课程、课程计划的结构和组成、课程计划管理、与毕业后教育和继续医学教育的联系;学业成绩考核,涉及考核方法、考核和学习之间的关系、考试结果分析与反馈;学生,涉及招生政策及录取、招生规模、学生咨询与支持、学生代表;教师,涉及教师聘任与遴选政策、教师活动与教师发展政

---

① 教育部.教育部关于印发《高等职业院校人才培养工作评估方案》的通知(教高〔2008〕5号)[EB/OL].(2008-04-03)[2022-08-06].http://www.moe.gov.cn/srcsite/A07/moe_737/s3876_qt/200804/t20080403_110098.html.

策;教育资源,涉及教育预算与资源配置、基础设施、临床教学资源、信息技术服务、教育专家、教育交流;教育评价,涉及教育监督与评价机制、教师和学生反馈、学生表现、相关利益方的参与;科学科研,涉及教学与科学研究、教师科研、学生科研;管理与行政,涉及管理、医学院校与教学管理部门领导、行政人员及管理与医疗卫生机构、行政管理部门的相互关系;持续改进。

专业学位水平评估涉及法律硕士、教育硕士、临床医学(不含中医相关领域)博士硕士、口腔医学博士硕士等专业学位的6个具体领域:培养目标、师资队伍、培养过程(含案例与实践教学)、学业质量(含生源情况、创新能力、实践能力、职业发展能力)、社会评价(含用人单位评价、同行评价)、质量保障体系。

学科评估领域聚焦高校功能领域。我国比较有影响的学科评估由教育部学位与研究生教育发展中心组织实施。

根据教育部学位与研究生教育发展中心2020年公布的学科评估指标,其评估范畴主要涵盖4个具体领域:人才培养质量,涉及思政教育、培养过程、在校生、毕业生;师资队伍与资源,涉及师资队伍、平台资源;科学研究,涉及科研成果(与转化)、科研项目与获奖、艺术实践成果、艺术/设计实践项目与获奖;社会服务与学科声誉。

课程评估范畴聚焦课程教学体系。具有代表性的课程评估项目如国家本科和高职精品课程评审,其指标体系反映了课程层面评估范畴。本科层面国家精品课程评审范畴涵盖6个具体领域[1]:教学队伍,涉及课程负责人与主讲教师、教学队伍结构及整体素质、教学改革与研究;教学内容,涉及课程内容、教学内容组织;教学条件,涉及教材及相关资料、实践教学条件、网络教学环境;教学方法与手段,涉及教学设计、教学方法、教学手段;教学效果,涉及同行及校内督导组评价、学生评教、录像资料评价;特色及政策支持。高职层面国家精品课程评审范畴涵盖7个具体领域[2]:课程设置,涉及课程定位、课程设计;教学内容,涉及内容选取、内容组织、表现形式;教学方法与手段,涉及教学设计、教学方法、教学手段、网络教学环境;教学队伍,涉及主讲教师、教学队伍结构;实践条件,涉及校内实训条件、校外实习环境;教学效果,涉及教学评价、社会评价;特

---

[1] 张伟江.教育评估标准汇编[M].北京:高等教育出版社,2009:63-66.
[2] 张伟江.教育评估标准汇编[M].北京:高等教育出版社,2009:67-70.

色及政策支持。

(二)地方层面政府类主体群体评估范畴

地方层面政府类主体群体除执行国家层面的评估外,部分地方政府也结合本地区高等教育发展需要,实施了具有地方特色的评估项目。地方层面政府类特色性评估,主要聚焦于高校的局部实践领域。地方层面政府类主体群体评估高等教育的特色项目在省与省之间差异明显,建有公办的专业性评估机构的省市在地方特色评估范畴方面表现明显,如上海、重庆、江苏等。

上海市重点学科(文科类、自然科学类)建设评估涵盖3个具体领域[1]:学科建设规划,涉及基地建设、队伍建设、科学研究;学科建设管理,涉及经费管理、常规管理;学科水平和潜力,涉及学科优势、学科活力。上海市普通高校本科新专业检查评价涵盖5个具体领域[2]:专业办学指导思想,涉及专业定位与建设规划、专业培养方案;师资队伍,涉及主讲教师的数量与结构、教学水平、教师风范;基本教学条件及利用,涉及课程、教材、实验实习条件及利用、图书资料、教学经费;教学管理,涉及规章制度、质量控制;教学效果,涉及学风、基本素养、学生参与文化科技活动的机会。上海市研究生培养过程质量检查评价涵盖4个具体领域[3]:管理制度,涉及信息管理系统、管理规章和文件、管理队伍;培养过程,涉及培养方案、公共课程、学位课程、创新能力培养环节、科学(社会)实践;学位论文工作,涉及开题、中期考核、论文中期检查、答辩、学位审核与授予;质量检查制度,涉及个人档案管理、教育教学反馈。

重庆市硕士学位授权点评估涵盖5个具体领域[4]:学术队伍,涉及学术带头人、研究方向、学术梯队;科学研究,涉及在研项目及经费、科研成果;教学与人才培养,涉及招生及学位授予、课程设置及教学、学位论文;工作条件;管理工作。重庆市高职教育新专业合格评估涵盖7个具体领域:专业设计,涉及专业建设规划、人才培养方案、经费保障;教学团队,涉及专兼结构、双师结构、专业带头人、培养机制;课程建设,涉及专业课课程标准、课程教学、专业课教材建

---

[1] 张伟江.教育评估标准汇编[M].北京:高等教育出版社,2009:80-87.
[2] 张伟江.教育评估标准汇编[M].北京:高等教育出版社,2009:88-92.
[3] 张伟江.教育评估标准汇编[M].北京:高等教育出版社,2009:73-74.
[4] 张伟江.教育评估标准汇编[M].北京:高等教育出版社,2009:122.

设;实践教学,涉及实践教学条件、实践教学管理;质量保障,涉及质量改进;建设成效,涉及人才培养成效、对接产业成效;自选项目,涉及学生获奖、教师获奖。重庆市高职专业和课程评估认证涵盖8个具体领域:培养目标,涉及目标定位、目标内容、目标评价;培养规格,涉及总体要求、职业素养、通用能力、专业知识、技术技能;课程与教学,涉及课程结构、课程标准、课程资源、课程实施、课程评价;融合与实践,涉及融合机制、基地建设、实践导师、实践育人、管理评价;师资队伍,涉及数量结构、能力素质、持续发展、教师评价;资源条件,涉及经费保障、设施保障、资源保障;质量保障,涉及保障体系、外部监控、内部评价、持续改进;学生发展,涉及生源质量、毕业生质量、就业质量、社会声誉。

江苏省本科新设专业评估涵盖6个具体领域[①]:专业目标,涉及定位与目标、规格与要求;师资队伍,涉及师资结构、教师发展;教学资源,涉及教学投入、信息资源、教学设施;教学过程,涉及培养方案、课堂教学、实践教学;学生发展,涉及生源状况、学生交流;质量评价,涉及综合素质、学生评价、质量监控。江苏省本科专业综合评估涵盖7个具体领域[②]:专业目标与要求,涉及培养方案;师资队伍,涉及师资结构、教师教学和科研创作水平与业绩、教师精力投入;教学资源,涉及教学条件、教学投入、社会资源的利用;培养过程,涉及课程体系结构、课程教学的实施;学生发展,涉及招生与生源情况、学生学习指导与跟踪、就业与发展;质量保障,涉及教学质量监控、持续改进;附加项目,涉及专业特色。江苏省新建高职院校人才培养工作合格评估涵盖8个具体领域[③]:办学思路,涉及办学定位、内部治理、事业发展规划、立德树人理念;师资队伍,涉及专任教师、兼职教师、教师培养与发展;教学条件,涉及校内实训条件建设、校外实习条件建设、经费保障;专业建设,涉及校—企业合作体制机制建设、专业设置(调整)、人才培养模式与方案、课程建设、教学方法与手段、实践教学;学生教育管

[①] 江苏省教育厅.省教育厅关于印发《江苏省普通高等学校本科新设专业评估工作方案(试行)》的通知(苏教高[2016]17号)[EB/OL].(2016-09-14)[2022-08-06].http://jyt.jiangsu.gov.cn/art/2016/9/14/art_55512_7555484.html.

[②] 江苏省教育厅.省教育厅关于印发江苏省普通高等学校本科专业综合评估工作实施方案的通知(苏教高[2018]11号)[EB/OL].(2018-05-30)[2022-08-06].http://jyt.jiangsu.gov.cn/art/2018/5/30/art_55512_7654943.html.

[③] 江苏省教育厅.省教育厅关于印发江苏省新建高等职业院校人才培养工作评估实施方案(2018年修订)的通知(苏教高〔2018〕18号)[EB/OL].(2018-12-06)[2022-08-06].http://jyt.jiangsu.gov.cn/art/2018/12/6/art_58320_7947329.html.

理与服务,涉及学生教育、学生管理、学生服务;科技研究与服务社会,涉及科技研究、社会服务;质量保证,涉及质量管理体制建设、质量标准体系建设、质量诊断与改进体系建设、建立质量报告制度;社会认同,涉及招生、就业、服务对象评价。

二、学校类主体群体评估范畴

学校类主体群体主要围绕中华人民共和国教育部及其他部委、地方教育行政部门评估项目开展校内自我评估。此外,部分高校在加强内部质量保障体系建设过程中,也强化了评估的质量保障功能,对学校内部办学具体领域自主地开展了校本评估(见表5-2)。学校类主体群体校本评估范畴主要聚焦于人才培养工作,涉及8个具体领域:一是教学工作评估。如教学工作综合性评估、教学水平评估、院系教学质量评估、教学科研贡献力评估、第三方教学评估、院系工作状态评估。二是专业评估。如专业水平评估、专业综合评估、专业建设评估、新办本科专业评估、认证式专业评估。三是课程评估。如课程评价、教材评估、课程建设评估、认证式课程评估。四是教学评估。如教学质量评估、教师课程教学质量评价、课堂教学质量监控评价、教学质量常态监控与评估、实验实践评估、专业毕业实习评估。五是资源条件评估。如实训实验室评估、实验室评估。六是学习质量评估。如学生学习评估、学情调查与分析、用人单位满意度调查。七是评教。如学生评教、教师教学评价、优秀任课教师评选、本科生导师工作评估、教师教学水平评估、教师教学基本能力合格评估。八是教学档案评估。如试卷、毕业论文(设计)评估。

表5-2　全国部分高校职能部门自主评估范畴

高校名称	职能部门自主评估范畴
扬州大学	各类专业评估、学生评教、最受学生欢迎的任课教师评选、大学生社会实践课程抽查评估
清华大学	教师教学评价、课堂教学质量监控评价和院系教学质量评估
华中师范大学	教学质量的监测、评价、反馈和监督;所有单位目标管理考评
江西财经大学	组织开展专业评估;学情调查与分析、用人单位满意度调查
西南科技大学	组织校内本科专业评估

续表

高校名称	职能部门自主评估范畴
贵州大学	开展学校、院(部)综合竞争力以及学科专业竞争力研究和各职能部门、学院(部)教学科研年度贡献度评估工作;开展学校本科教学水平评估、专业评估、专项评估等各种教育教学评估活动和研究生、成人教育以及独立学院教学水平评估工作;开展学院考卷、毕业论文(设计)等教学档案的评估工作
徐州工程学院	组织实训实验室的评估检查;专业的综合评估;二级学院教学工作评估
兰州财经大学	组织实施校内各类型、各层次教学评估工作
贵州财经大学	组织校内各类教学质量评估工作;开展专业建设评估、课程建设评估、实验实践评估、专业毕业实习评估
南京邮电大学	开展本科及研究生教学评估工作(课程、专业及学校教学工作以及专项);学生学习评估;教师课程教学质量评价;学院(部)教学督导工作评价工作
贵州师范大学	负责学校内部专项检查、课程评估、专业评估、学院评估
中国人民大学	开展教学质量常态监控与评估;开展各类教学评价
云南大学	组织开展专业评估、二级学院教学评估、毕业论文评估、试卷评估
南京审计大学	组织开展专业评估、课程评估等专项评估
广东工业大学	校内本科教育教学评估和课程评价
广东外语外贸大学	负责开展专项评估工作,含本科论文(设计)及试卷的抽查评估、本科生导师工作评估;本科专业、课程评估
大连民族大学	组织开展院系教学评估、专业评估、课程评估、实验室评估
长安大学	负责本科教学评估的组织实施工作;本科专业认证评估、第三方评估、课程评估、教材评估
河北大学	组织开展专业、课程、院系本科教学基本状态等校内专项评估
湖南工业大学	组织实施学校内部本科教学质量专项评估;协助组织与本科教学工作相关的其他评估工作
湖北师范大学	开展校内各项教学专项评估;负责学校各主要教学环节的质量监控
海南大学	组织开展校内教学评估、新办本科专业评估、第三方教学评估
南昌工程学院	开展院系工作状态评估、教师教学水平评估、教师教学基本能力合格评估、专业建设评估、课程建设评估以及教学管理需要的其他专项评估
湖南信息学院	开展学校新办专业评估、专业综合评价、课程评价
浙江农业大学	组织学生评价教师、专业评估、课程评估

续表

高校名称	职能部门自主评估范畴
福建农业大学	开展本科专业、课程教学质量专项评估
江西科技学院	负责学校专业综合评价、年检等工作
河南工学院	负责院(部)教学工作评估、专业评估、课程评估和其他相关评估
西安科技大学	负责学校本科教学质量监督、教学评估、学生评教
常州大学	开展校内认证式专业评估、课程评估
长江师范学院	开展校内院系评估、专业评估、课程评估等专项评估

三、社会类主体群体评估范畴

社会类主体群体评估聚焦院校、学科、专业等领域竞争力。

(一)武汉大学中国科学评价研究中心评估范畴

武汉大学中国科学评价研究中心开展了中国大学综合竞争力评价,涵盖4个具体领域:办学资源,涉及基本条件、教育经费、教师队伍、优势学科;教学水平,涉及学生质量、学生结构、教学成果;科学研究,涉及队伍基地、科研产出、成果质量、项目经费、效率效益;学校声誉,涉及学术声誉、社会声誉。开展了中国大学本科教育专业评价,涵盖4个具体领域:师资队伍,涉及教师数量、教师结构、杰出人才、教育专家;学生状况,涉及学生总数;教学水平,涉及学位点数、特色专业、人才基地、教学成果、学生培养;科研水平,涉及科研基地、科研项目、发明专利、论文数量、论文质量、成果质量。开展了中国研究生教育评价,涵盖3个具体领域:办学资源,涉及科研基地、重点学科、学位点数、教师队伍、科研项目、科研经费;教学与科研产出,涉及毕业生数、科研论文、发明专利;质量与学术影响,涉及研究生获奖、论文被引、科研获奖。

(二)中国管理科学研究院科学学研究所评估范畴

中国管理科学研究院科学学研究所武书连课题组高等职业院校综合实力评价,涵盖2个具体领域:人才培养,涉及专业基础、就业质量、教师支持、教学保障、学生竞赛;科学研究,涉及自然科学研究、社会科学研究。中国民办大学独立学院教师创新能力评价,涵盖多个具体领域:优质科研成果,涉及国内外SCD期刊论文及引用,发明专利、实用新型专利,外观专利的授权、转让、许可,国家级奖、何梁何利奖,高等学校科学研究优秀成果奖(科学技术),高等学校科学研究优秀成果奖(人文社会科学)、国家知识产权局奖;总人力,涉及民办大学独立学院专任教师队伍和兼职教师队伍。中国大学评价,涵盖2个具体领域,即人才培养和科学研究。人才培养涵盖2个具体领域:本科生培养,涉及本科毕业生数、教师平均学术水平、双语教学示范课程、实验教学示范中心、特色专业、教学团队、规划教材、本科教学成果奖、本科生就业率、新生录取分数线等;研究生培养,涉及硕士博士毕业生数、优秀硕士博士论文、研究生教学成果奖、研究生学术水平。科学研究涵盖2个具体领域:自然科学研究,涉及学术著作引用、国家大学科技园、国内外引文数据库及引用、艺术作品、专利授权、科技成果奖等;社会科学研究,涉及国内外引文数据库及引用、艺术作品、专利授权、人文社会学奖。

(三)软科评估范畴

软科开展了五个评估项目,其评估范畴也相应涉及5个领域:中国大学专业排名,涉及学校条件、学科支撑、专业生源、专业就业、专业条件;中国大学排名,涉及设置办学层次、学科水平、办学资源、师资规模与结构、人才培养、科学研究、服务社会、高端人才、重大项目与成果、国际竞争力;中国最好学科排名,涉及人才培养、科研项目、成果获奖、学术论文、高端人才;世界大学学术排名,涉及获诺贝尔奖和菲尔兹奖的校友和教师数、高被引科学家数、在《自然》和《科学》上发表的论文数、被SCIE和SSCI收录的论文数、师均学术表现等;世界一流学科排名,涉及学科国际权威奖项、学科顶尖论文、学科论文质量、学科国际合作等。

(四)麦可思评估范畴

麦可思开展的评价至少涵盖了8个具体领域:生源与招生评价,学生学习与成长评价,德育成效评价,毕业生培养达成与中期发展评价,师资发展与教育教学评价,用人单位评价,应届毕业生培养质量评价,教学质量评价。

(五)新锦程评估范畴

新锦程根据高等教育教学改革和评估实践需要,拓展了诸多评估范畴。如双高建设质量监测与评价,本科教学工作审核评估支持服务,专业认证支持服务,专业建设质量,校企合作质量,教学质量,全程质量。

(六)河南省教育评估中心评估范畴

河南省教育评估中心(民办专业性评估机构)的评估范畴涉及多领域。如财政(专项)资金投入项目绩效评价、就业能力测量评估、教育人才与教师发展评价、毕业生就业质量评价、毕业生职业发展跟踪调查评价。

(七)网大评估范畴

网大中国大学排名评估涵盖6个具体领域:声誉;学术资源,涉及博士点、硕士点、国家重点学科、国家重点实验室、国家人文社科重点基地;学术成果,涉及SCI/SSCI/EI/CSSCI;学生情况,涉及新生质量、研究生占比;教师资源,涉及副教授及以上教师占比、两院院士人数、特聘教授人数、师生比;物质资源,涉及科研经费总量以及教师和研究人员人均科研经费、图书总量及生均图书量、校舍建筑面积及生均面积。

(八)中国校友会评估范畴

中国校友会中国大学排名评估涵盖3个具体领域:科学研究,涉及科研基地、科研项目、科研成果、发表园地;人才培养,涉及培养基地、师资队伍、教学成果、培养质量;综合声誉,涉及国家层面声誉和学术声誉。

(九)GDI智库评估范畴

广州日报数据和数字化研究院(GDI智库)评估涵盖4个具体领域:教育竞争力指数、职场竞争力指数、品牌竞争力指数、二次评估指数(即其他排名评估的评价结果)。

第四节 我国高等教育评估范畴面临的问题

从减轻我国高等教育基层评估负担、提高高等教育评估对高等教育高质量发展的推动力来看,我国政府类、学校类、社会类主体群体评估高等教育的范畴需要实现整合,以便实现多类主体群体评估范畴的统一性,提高评估整体效率和效益。但从我国高等教育评估范畴现状看,政府类、学校类、社会类主体群体的评估实践领域离散程度高,各类主体群体评估范畴协同度和融合度低,各类主体群体评估范畴尚未形成合力。

一、政府类主体群体评估范畴偏"泛"与缺"统"

从国家和地方层面的高等教育评估实践范畴来看,政府类主体群体的评估范畴存在领域偏"泛"、内部缺"统"的问题。

(一)评估范畴领域偏"泛"

所谓评估范畴领域偏"泛",主要指政府类主体群体在评估领域选择上,泛化政府类主体群体作为高等教育外部质量保障主体和监管主体的身份定位,扩大了评估管理高等教育的功能和绩效区域。主要表现在两个方面:一是评估领域划界超越监管边界。政府类主体群体主要是国家意志和公众利益的代表者,其主要从外部视角观察高等教育。从外部视角来讲,政府类主体群体观察高等教育应直接通过高等教育的产出结果这个视角,如高校人才培养效果、科学技术研究成果、社会服务显示度、文化传承创新显示度等,而产生产出结果的具体办学过程尤其高校内部实践活动不宜直接作为监管重点。高校内部实践活动,其主要应作为政府类主体群体评估过程中专家分析或高校自评反思办学成绩与问题的评估过程性领域,属于高校办学的自主范畴。如从目前国家和地方层面高等教育院校综合性评估、专业课程评估等范畴选择来看,属于高校自主办学实践领域的专业和课程范畴偏"泛"。二是评估功能发挥泛化能效范围。所谓能效,这里是指评估发挥的管理服务功能与评估实际消耗的能量之比。政府类主体群体评估能效范围泛化主要指评估管理服务预期的功能区高于实际的作用功能区或可行的作用区。政府类主体群体作为外部管理者,其作用面更多倾向于高校办学效果层面,通过办学效果评估推动高校办学实践的外部管理环境或生态发生变化,进而推动高校办学自主适应外部管理环境要求,产生内部办学实践变革。目前,从政府类主体群体评估范畴内的具体领域来看,评估范畴延伸到高校内部具体办学过程偏深偏细,进而触及高校内部办学活动的专业性实践。如政府类主体群体评估具体领域涉及课程内容、教学方法手段、主讲教师、教学资料、实践教学、课程体系等。

(二)评估范畴内部缺"统"

所谓评估范畴内部缺"统",主要指政府类主体群体中上下级主体群体间评估项目含括的具体领域,以及同层级评估主体群体间评估项目含括的具体领域缺乏差异性统合。这种差异性统合意指各类主体群体间评估范畴既要具有差异性又要具有统一性,即差异基础上的统一性。因此,差异性统合蕴含两层含义:第一层含义是政府类主体群体内部各类亚群体评估范畴上应有区分,在相同的评估范畴的具体领域取向上应有区分;第二层含义源自第一层,正是不同主体群体间评估范畴存在区分,在高等教育评估的整体系统上才需要统合,以实现评估范畴整体能效最高。在实践中,我国高等教育政府类主体群体评估范畴内部缺乏差异性统合具体表现在三个维度。维度一:上下级评估主体群体评估范畴区分度偏低。其主要表现在国家层面审核评估既有国家层面应监管的具体领域,又有地方行政部门应监管的具体领域。如国家层面统一规划地方层面评估监管的教育教学具体领域,如培养方案、专业建设、实践教学、课堂教学、资源建设、师德师风、教学能力、教学投入、教师发展等。上下级评估主体群体评估范畴缺乏区分度导致国家层面评估范畴泛化和地方层面评估范围缺乏地方特色,以及导致高等教育改革发展与经济社会发展缺乏融合度。同时,地方层面规划的评估具体领域重复国家层面具体规划程度高,导致地方层面评估具体领域能效凸显程度低。维度二:同层面评估主体群体评估项目具体领域区分度偏低。其主要体现在地方层面院校评估、专业评估、课程评估认证等具体领域范围交叉重复程度高,不同项目能效定位相似与取向同向性高,导致不同评估项目涉及的具体领域重复度高,不同项目的整合性能效区偏窄。如院校类评估项目和专业类评估项目都关注培养方案、专业建设、实践教学、课堂教学,教学资源与利用、质量保障机制等。维度三:上下级和同层面评估主体群体评估范畴一致度偏低。其主要体现在国家和地方层面评估项目涉及的相同领域要求的一致性低,不同评估项目差异性领域要求的互补性低。如高职院校人才培养工作评估和高职适应社会需求能力评估在评估要点概念描述和统计口径上存在差异性;不同评估项目教师总数折合规则、毕业生就业率统计规则、教师实践要求等方面存在不一致性;课程评估对专业评估具体领域的补充性、专业评估对院校评估具体领域的补充性体现不明显。

二、学校类主体群体评估范畴缺位与离散

学校类主体作为质量生产主体和自我保证主体,其本身是自我评估主体和办学成效的自我证明主体。但从我国高等教育评估范畴结构来看,学校类主体

群体评估范畴明显缺乏本位性。

(一)自主性评估范畴缺位

所谓自主性评估范畴,意指高校自主发起的、自主开展的、区别于国家和地方教育行政部门要求的评估具体领域。自主性评估范畴缺位则意指高校应具有的自主性评估范畴并未在评估实践中有效体现,从而导致高校基于自身办学目标和定位、体现学校自身办学需要的评估领域缺乏。从我国高等教育评估实践来看,学校类主体群体自主性评估范畴缺位主要体现在四个维度:一是被动性评估范畴居主导地位。从我国高校内部质量管理部门职能来看,质量评估机构的主要职能职责在于落实国家和地方层面的高等教育评估项目,联系对接第三方评估项目。高校评估项目主要聚焦教育教学审核评估、师范类专业认证、工程教育认证、临床医学专业认证等国家或国际层面评估项目开展校内评估实践,且评估具体领域直接采用国家或国际层面评估项目的具体领域。二是原生性评估范畴实践稀缺。仅有少量高校在内部评估机构职能职责中规定了学校自主性评估项目,在实践中开展了具有学校特色的评估项目实践;绝大多数高校缺乏原生性评估项目,且开展的具体评估领域缺乏研究性和针对性。例如根据学校自身办学定位和特色、学校办学类型、学校内部具体办学活动的评估项目缺乏;从高校办学活动内需出发开展的内部质量评估活动鲜见。三是自主证明办学质量评估范畴实践偏少。高校过度依赖教育行政部门或第三方评估机构等外部主体证明高校自身质量,而较少通过高校内部主体自证高等教育质量,因而直接服务用人单位、学生、家长、其他高校等利益主体的质量评估领域缺位。四是外向型评估范畴偏少。所谓外向型评估范畴主要是指高校将评估领域定位在外部共享和影响辐射的具体评估领域,如高校战略性评估,从全国或国际同类高校视角评估高校在其中的战略优势和劣势等,此类推动高校战略性发展的项目鲜见。

(二)本位性评估范畴离散

所谓本位性评估范畴离散,这里主要指高校内部开展的评估项目涉及的评估具体领域缺乏系统性和集聚性,从而导致评估项目的具体领域缺乏顶层规划设计,而处于一种无序状态。学校类主体群体评估范畴的离散性主要体现在三个维度:一是高校内部具体评估领域的分散性。高校内部评估领域缺乏统一的顶层设计,其评估具体领域根据外部评估需要而设定,内部的评估具体领域成为外部的评估具体领域的投射,而外部评估主体群体通常涉及国家和地方政府类主体群体以及社会类主体群体,这些外部主体群体具有不同的身份或职能职责,因而发起的评估项目所涉及的具体评估领域映射到高校内部就缺乏协调性。这种协调性的缺乏主要表现在具体领域选择的评估目的定位、评估价值取向、评估规则体系、数据信息来源等多层面差异,进而让高校内部根据外部评估所开展的评估具体领域缺乏有序结构。二是高校主动与被动评估领域的双轨性。高校内部主动开展的评估项目通常源自办学实践活动的现实需要,是高校内部从质量监控出发而开展的具体评估领域;高校创造性实施的主体能动性偏低,评估项目通常由外部环境推动,这些被动开展的评估项目通常是采取任务导向的方式,配合外部主体评估高校的具体领域。高校内部主动与被动评估领域在高校内部产生的目的和动力机制不同,具体评估领域在通常情况下呈现"两张皮"现象或"双轨"运行,很难实现有效整合。三是高校不同阶段评估领域的断裂性。高校内部在不同时段实施的评估领域呈现断裂性,其主要表现在两个方面:同一评估项目具体评估领域缺乏长期维系机制,同一评估项目具体评估领域缺乏持续改进升级机制。这种断裂性致使高校内部具体评估领域处于不断更替而又不能持续升级的发展状态。

三、社会类主体群体评估范畴虚化和偏移

社会类主体群体作为社会各领域的主要代表,发挥着联结各领域高等教育需求和高等教育实际功能的纽带作用。社会类主体群体的评估角色和功能预期决定了其需要主导的评估领域,但当前社会类主体群体评估领域呈现出同其自身角色功能预期不匹配现象,即主要的评估范畴发生角色功能错位。

(一)评估范畴的角色虚化

所谓角色虚化,主要指社会类主体群体失去了应有的评估角色类型和评估专业分工。社会类主体群体作为独立于学校类和政府类主体群体之外的第三类主体,在高等教育评估主体群体中存在的合理性就在于其代表着社会领域特定群体的高等教育利益,是社会各领域观察高等教育或引导高等教育适应社会各领域需求的专业性主体群体。从某种意义上讲,社会类主体群体的本位职责

并非高等教育的智囊团,更多是社会各领域高等教育利益主体的智囊团,其根本任务首先在于为社会各领域使用高等教育服务和功能提供资讯和参考性建议。因此,从社会类主体群体的身份视角来看,高等教育的评估范畴应定位在服务社会各领域,而非高校办学实践。但在实践中,社会类主体群体之所以更多被高等教育青睐并逐渐成为高校办学的智囊团,其根本原因在于高校和社会类主体群体之间围绕高等教育评估领域而存在的内在供需关系和目标的契合性,即"高校办学具体领域需要适应社会需求能力"和社会类主体群体"评估高等教育领域适应社会需求能力"之间的"默契"。因此,社会类主体群体的评估范畴也就主要局限于高校办学实践要素的结果表现,其成为高校向社会各领域证明自身办学能力和水平的最主要主体。社会类主体在评估范畴上也越来越多地迎合高校需求,通过高校内部办学实践要素展示高校办学能力,成为高校自我展示的重要平台,而作为社会各领域需求的"回应者"和社会各领域对高等教育需求的"传递者"角色对评估范畴的影响反而被弱化。前者角色的弱化失去了社会类主体群体选择高等教育评估领域时更多考虑服务社会各领域的角色定位,后者角色的弱化失去了社会类主体群体选择高等教育评估领域时推动高校办学实践满足社会需求的角色定位。

(二)评估范畴的功能偏移

所谓功能偏移,主要指社会类主体群体评估范畴的功能脱离了应有功能区。社会类主体群体作为学校类和政府类主体群体之外各领域的代表群体,其评估范畴在高等教育评估范畴体系中承担着衔接高等教育领域和社会领域的基本功能。其评估范畴选择的基本旨趣瞄准沟通高校办学实践和社会生产建设管理实践,主要代表社会各领域了解高等教育人才培养、科学研究、社会服务、文化传承创新等能力和水平,从而使社会各领域确信高校办学输出成果的质量,帮助社会各领域在高校服务市场中选择适切的高等教育服务;高校通过社会类主体群体评估高等教育的结果间接性分析自身适应社会需求能力问题,以进一步改进高校办学实践工作。在当前开展的社会类评估实践中,主流的评估高等教育的具体范畴更多倾向于高校办学实践需要,而较少通过评估范畴选择向高校办学实践传递社会生产建设管理实践对高校办学的能力需求信息。在现实中具体表现为社会类主体群体主要把评估范畴聚焦在人才培养、科研项目、成果获奖、学术论文、高端人才、办学资源等具体领域,其主要体现高校办学能力,突出了高校之间在评估领域的对比性差异或位次,更倾向于发挥高校办学智囊团作用,而对社会类主体了解高校适应生产建设管理实践的人才培养的质量素质、科学技术研发能力、社会服务能力、文化传承创新能力等缺乏应有功能。从这一点来讲,当前社会类主体群体评估高等教育的具体领域更多地取代了高校研究机构或科研院所评估高校办学的具体领域,是对高校行业组织应该评估的具体领域的僭越,而社会类主体群体站在社会生产建设管理实践需求侧的角度选择适切的评估领域评估高校的办学实践被消解。

四、多类型主体群体评估范畴分裂与冲突

政府类、学校类、社会类主体群体评估高等教育的具体范畴之间的关系,直接影响了三类主体群体评估范畴发挥的高等教育评估功能。因此,不同类型的主体群体评估高等教育范畴所形成的评估范畴结构或关系体,也就成为高等教育评估范畴考察的重要领域。从评估主体群体类型看,不同评估主体类型之间的评估范畴缺乏必要的统合。具体体现在下列两个方面。

(一)评估主体群体评估范畴取向分裂

高校办学实践属于一个系统整体,因而对高校办学实践的评估也应从系统思维出发,将多元评估主体聚焦的具体评估领域视为一个整体。尽管各类评估主体群体选取的具体评估领域均从系统整体中独立开来,但各类主体群体在评估过程中应观照各自选择的具体评估领域同系统整体的关系,以避免评估范畴选择的片面化。综合审视政府类、学校类、社会类主体群体的评估范畴,不同类型主体群体评估领域间呈现分裂特征,具体表现在各类主体评估领域独立性强,而关联性薄弱。一是政府类主体群体评估领域相对其他主体群体评估领域独立成体。评估领域独立成体意指评估主体发起的评估项目涉及的具体评估对象内容自成一个封闭的系统,而较少寻找评估内容的焦点和与其他评估内容的关联点。从政府类主体群体评估领域的具体内容来看,其独立成体特征明显,主要聚焦于高校教育教学领域或人才培养领域,而对科学研究、社会服务、文化传承创新等体现不明显;同时评估内容边界难以体现同学校类、社会类主体群体评估领域的衔接点。因此,就政府类主体群体评估领域而言,其属于一

个系统,但放置于整个高等教育实践大系统中却"独立而居"。二是学校类主体群体评估领域同其他主体群体评估领域交错无序。评估领域交错无序意指学校类主体群体在形式上既回应了政府类主体群体评估领域,又考虑到了社会类主体群体评估领域,主要表现在其将政府类主体群体评估领域直接纳入学校内部评估领域,将社会类主体群体评估领域作为学校内部评估领域的重要成效区;但在内容上却失去了学校类主体群体评估领域的主阵地,学校类主体群体评估成为其他主体群体评估的"堆砌",对其他评估主体群体评估领域缺乏支撑度和贡献度,其他类型主体群体评估领域难以同学校类主体群体评估领域形成相得益彰的关系体。三是社会类主体群体评估领域相对其他主体群体评估领域片面独立。评估领域片面独立意指社会类主体群体评估高等教育主要从高校办学实践中选择离散的要素作为具体领域,这些具体领域虽然来自学校类和政府类主体群体评估领域中,但又独立于学校类和政府类主体群体评估领域,其自身仅能反映高校办学实践片段化领域,缺乏系统性,而同其他类型主体群体评估领域之间缺乏必要的关联性。

(二)评估主体群体评估范畴内涵冲突

评估范畴内涵冲突意指政府类、学校类、社会类主体群体在评估范畴相同领域要素界定上存在彼此不一致或相背离现象。在现有评估实践中,政府类、学校类、社会类主体群体之间具体评估领域存在交叉,交叉评估领域的具体内容存在并存现象,其在高校办学实践中引发"两难"问题。一是评估范畴观测项相悖。所谓评估范畴观测项,主要指政府类、学校类、社会类主体群体考察具体评估领域时的具体观测要素,其具体体现为评估主体采纳的评估指标内涵要素。评估范畴观测要素相悖问题在不同类型主体群体评估实践中有不同程度的存在。例如,在政府类主体群体评估实践中毕业生到基层、老少边穷地区工作属于鼓励性观测要素,但在社会类主体群体发起的评估实践中毕业生到跨国公司、世界强企等单位工作属于鼓励性观测要素;在政府类主体群体评估实践中人才培养中心工作、本科教学中心地位等被充分肯定,但在社会类主体群体评估实践中科研成果和高层次人才队伍被充分肯定;在政府类主体群体评估实践中服务国家战略需求更被肯定,但在学校类主体群体中具有比较优势的显性成果或学校短期重视的具体工作更被肯定。二是评估范畴内容结构错位。所谓评估范畴内容结构错位,主要指政府类、学校类、社会类主体群体在各自评估范畴中对高校办学实践内部结构区划不一致。其主要表现为两种情况:第一种情况为同类主体群体发起的不同评估项目之间内部结构区划差异。如师资队伍方面,师资分类、师资构成、师资测算方法等在本科评估和高职评估项目中存在明显差异,在国家层面和地方层面发起的评估项目中归类和测算方式也存在差异。第二种情况为不同类型主体群体发起的评估项目中高校办学实践内部结构区划存在差异。如社会类主体群体排名评估和政府类主体群体评估对不同层次人才、科研成果认定与分类、师资结构以及办学实践成效区预设等存在明显差异;学校类主体群体和政府类主体群体在师资结构、科研成果分类等方面存在明显差异。

第五节 整合我国高等教育评估范畴的路径

高等教育评估要发挥推动高等教育高质量发展的指挥棒作用,就需要围绕高校办学实践领域,结合高等教育评估主体群体身份角色和优势资源,遵循高校办学规律,实现多类主体群体评估范畴的有效统合。

一、理念引领:评估范畴区划价值导向

评估范畴的形成应主要立足于"谁"来评估"什么",这更能助推高等教育价值的增长。正如市场经济中"创造价值"和"衡量价值"是市场行为的基本指导性基石,[①]创造教育评估价值和衡量教育评估价值也是规约政府类、学校类、社会类主体群体评估高等教育范畴的关键维度。维度一:创造教育评估价值意指基于评估主体群体需求形成高等教育评估价值追求。一方面,评估主体群体职责影响评估主体群体需求。任何评估都需决定评估产生的价值是对"谁"的价值,或者说是在满足"谁"的需求。在高等教育评估中,政府类主体群体评估至少需满足政府管理需求,学校类主体群体评估至少需满足学校办学需求,社会类主体群体评估至少需满足行业产业发展需求。另一方面,评估主体群体需求

---

① 蒂姆·科勒,理查德·多布斯,比尔·休耶特.价值:公司金融的四大基石[M].金永红,倪晶晶,单丽翡,译.北京:电子工业出版社,2016:2-12.

影响评估主体群体价值追求。政府类主体群体管理需求促使评估追求履行好政府类主体群体监管高等教育职责的价值;学校类主体群体办学需求促使评估追求提供更优质教育服务的价值;社会类主体群体助推行业产业发展需求促使评估追求更好服务行业产业发展的价值。维度二:衡量教育评估价值意指基于评估主体价值追求筛选实现价值追求的评估范畴。一方面,评估价值追求影响评估标准。政府类主体群体基于监管价值追求通常应优先选择高等教育政策规定质量标准;学校类主体群体基于办学价值追求通常应优先选择预设教育服务质量标准;社会类主体群体基于行业产业发展价值追求通常应优先选择行业产业发展标准。另一方面,评估标准影响评估范畴。政策规定质量标准关联的高等教育实践应成为政府类主体群体评估范畴;高校预设教育服务质量标准关联的高等教育实践应成为学校类主体群体评估范畴;行业产业发展标准关联的高等教育实践应成为社会类主体群体评估范畴。政府类、学校类、社会类主体群体评估范畴有机联系,才能共同构筑高等教育评估范畴协同系统。

二、价值共创:评估范畴内部与外部价值共联

评估范畴的整合以评估范畴价值整合创新为基础或原点。人们对价值的认识见仁见智,或强调价值是主体欲求、兴趣、目的等所指向的东西;或强调价值是指事物固有的属性或能力;或强调价值取决于主客体之间的关系,并把价值归属为纯粹的个体经验、先验精神或客观事物等。关于价值如何在主体或主客间产生的认识也莫衷一是,或认为价值由兴趣产生,兴趣则与整个实效驱动的生命有关;或认为价值通过选择、珍视和行动获得;或认为价值在经历知、情、意、行中获得。尽管关于价值的本质或产生根源认识不一,但价值必然同客观事物的属性和主体欲求、兴趣或目的有关,这里倾向于把价值理解为客观事物属性满足主体欲求、兴趣或目的的程度;价值共创则是多类主体协同创新客观事物属性,以满足多类主体自身欲求、兴趣或目的。高等教育评估范畴作为多元评估主体满足自身欲求、兴趣或目的的场域或载体,与评估主体群体的关系实则为一种实在的价值关系。通过多类主体群体实现价值共创,推动评估领域价值增值是实现评估范畴整合的逻辑起点。

(一)创新评估范畴内部价值链

评估范畴内部价值是政府类、学校类、社会类主体群体聚焦的具体评估领域满足评估主体群体自身欲求、兴趣或目的的内在属性;内部价值链则是政府类、学校类、社会类主体群体评估实践作用的具体领域满足各类主体群体欲求、兴趣或目的的系统性属性。这些属性之间存在有序的依存关系,即评估领域的一种属性满足主体欲求、兴趣或目的牵引着评估领域的另一种属性满足评估主体另一欲求、兴趣或目的,从而形成了评估领域属性体系对应主体欲求、兴趣或目的系统。创新评估范畴内部价值就是要充分挖掘高校办学实践场域,优化评估范畴结构组合,构建评估范畴系统化机制,使评估选择的评估范畴最有利于满足评估主体的预期、兴趣或目的体系。就此而言,评估范畴的内部价值的本源在评估范畴的内在价值,也即评估范畴本身所具有的、不因外部条件或主体而改变的价值,也可称为客观的评估范畴价值。在高等教育评估实践中,评估范畴的客观价值是高等教育产生和存在的根本,这些评估范畴包括人才培养、科学研究、社会服务、文化传承创新的能力,其中又以人才培养能力为核心。因此,提升高校的人才培养、科学研究、社会服务、文化传承创新能力是各类评估主体群体评估实践指向范畴的客观价值。创新评估范畴内部价值链就是要让政府类、学校类、社会类主体群体评估范畴以评估范畴的客观价值链来组织构造具体评估领域体系。

创新评估范畴内部价值链至少具有两条路径:一是围绕高校人才培养能力组织构造高校办学能力评估范畴体系。人才培养能力作为高校办学能力的根本能力,是高等教育评估最需聚焦的范畴,是高等教育评估范畴的核心。以人才培养能力为核心构造高等教育评估范畴体系,是指政府类、学校类、社会类主体群体评估高等教育范畴均指向人才培养能力。具体来讲,评估人才培养能力就是要聚焦影响高校人才培养能力的系统要素以及系统内要素与要素之间的关系;科技研发能力、社会服务能力、文化传承创新能力评估等尽管有其自身的内在价值,但在评估过程中仍需关注其育人价值;同时,要构造人才培养能力、科学研究能力、社会服务能力、文化传承创新能力育人价值之间的统合关系。二是创构多类主体评估范畴内在价值之间的统合体系。在高等教育评估实践中,政府类、学校类、社会类主体群体评估具体领域内在价值通常覆盖人才培养、科学研究、社会服务等方面,多类主体评估范畴内在价值统合可通过不同类型主体评估范畴内在价值的联结实现,即政府类主体群体评估人才培养能力、科学研究能力、社会服务能力、文化传承创新能力的价值与学校类、社会类主体群体评估范畴的能力价值分类联结,提高多类主体群体评估范畴内在价值的一致性或统合性。

(二)创新评估范畴外部价值链

评估范畴外部价值是政府类、学校类、社会类主体群体聚焦的具体评估领域满足外部主体欲求、需要或目的的属性。评估范畴的外部价值存在的主要形式为外在价值,即评估范畴向外客观表现出来的、满足外部不同类型主体欲求、需要或目的的属性,其属于评估范畴的使用价值。评估范畴外部价值会因不同主体欲求、需要或目的等外部条件的变化而变化,评估范畴的同一具体领域在不同时期会因同类主体欲求、需要或目的等外部条件的变化而变化。就此而言,评估范畴的外部价值或外在价值具有相对性,属于特定的时空范畴。创新评估范畴外部价值要求政府类、学校类和社会类主体群体选择的具体评估领域要满足当下教育外部主体对高校办学的欲求、需要或目的。由于不同类型外部主体或同类型外部主体在不同时期对高校办学的欲求、需要或目的等不同,政府类、学校类、社会类主体群体聚焦的具体评估领域也需有所差异,这就需要各类主体群体创新评估范畴外部价值。在时间维度上,尽管评估范畴外部价值可能存在差异,但政府类、学校类、社会类主体群体评估具体领域的外部价值之间,以及评估范畴本身具有的外部价值之间彼此相联和依存,进而形成外部价值链,共同影响评估范畴外部价值的存在。

创新评估范畴外部价值链同样存在两种路径:一是基于产出导向构建高校外部贡献能力评估范畴体系。产出导向意指高等教育评估范畴以高校办学实践的成果输出和外部成效区为导向,并以此来创构评估具体领域。高校办学实践的成果输出和外部成效区同样体现在人才培养、科学研究、社会服务、文化传承创新等能力范围,具体包括人才输出与贡献、科研成果及转化、社会服务效益、文化传承创新成果等方面。创新评估范畴外部价值链就是系统规划高校办学在人才培养、科学研究、社会服务、文化传承创新等方面,满足社会生产建设管理服务实践的价值区域,实现评估主体评估实践指向的成效区域的有效联结与统合。二是实现多类评估主体群体的高校外部贡献能力评估范畴统合。政府类、学校类、社会类主体群体评估高等教育范畴的外部价值不同，但要发挥不同类型主体群体评估高等教育范畴的有效性，就需要各类主体群体在评估范畴的外部价值取向上相互衔接。如聚焦人才输出与贡献，政府类主体群体从服务国家战略维度、学校类主体群体从提高育人质量维度、社会类主体群体从适应产业转型升级维度分别确立外部价值要素，但三者均统一于高校人才培养实践的内在结构中，是对人才培养实践不同侧面的反映。

（三）推动内部与外部价值链共赢

高等教育评估范畴内部价值链和外部价值链并非两个独立的价值链体系，而是高等教育评估范畴相互关联、依存共生的价值体系，是高等教育评估范畴价值体系的"一体两面"。高等教育评估范畴价值增长取决于内部价值链与外部价值链相互作用过程的价值共生。所谓价值共生，意指高等教育评估范畴内部价值增长能带来外部价值增长、外部价值增长能促进内部价值增长，从而形成一种良性循环，实现评估范畴内部与外部价值的共同增长。在评估实践中，内部与外部价值共同增长就是要求将评估范畴内部价值与外部价值作为一个整体进行思考。政府类、学校类、社会类主体群体在确立评估范畴过程中，既要以高校人才培养能力、科学研究能力、社会服务能力、文化传承创新能力等内部价值链为核心，构造各类主体群体的具体评估领域；同时又要考虑以人才培养能力产出、科学研究能力产出、文化传承创新能力产出等外部价值链构造各类主体群体的具体评估领域，即实现人才培养能力与人才输出及贡献、科学研究能力与科学研究成果及转化、社会服务能力与社会服务效益、文化传承创新能力与文化传承创新成果之间的有效联通，使评估范畴各类具体领域横向联通，同类具体领域外部价值与内部价值内外贯通。

实现内部价值链与外部价值链共赢存在两种路径：一是从价值生成逻辑打通内部价值链与外部价值链的"因—果"关系链，实现内部价值链联结外部价值链。解构人才培养能力构成要素，理清其与人才输出质量要素及贡献要素的"因—果"关系链，以此为基础创构人才培养评估具体领域，实现人才培养领域内部价值与外部价值共联和共增。解构高校科学研究能力构成要素，确立其与科研成果及转化的"因—果"关系链，并以此逻辑链为线索构建具体评估领域，实现科学研究领域具有因果联系的具体领域系统化，实现科学研究领域内部与外部价值共联共生。解构社会服务能力构成要素,确立其与社会服务效益构成要素的"因—果"关系链,实现社会服务领域具有因果关系的具体领域系统化,实现社会服务领域内部与外部机制共联共生。分析文化传承创新能力构成要素,确立其与文化传承创新成果要素的"因—果"关系链,实现文化传承创新领域内部与外部价值共联共生。二是从产出导向逻辑打通外部价值链与内部价值链的"果—因"关系链,实现外部价值链联结内部价值链。"果—因"关系链注重从高校办学外部价值链出发思考内部价值链,即以社会各领域的人才需求、科技需求、咨询服务需求、文化引领需求等为逻辑起点,确立高校办学实践应具备的人才培养能力、科学研究能力、社会服务能力、文化传承创新能力,从而创构具体评估领域。分析社会生产建设管理实践对高级人才能力与贡献的需求,推导高校人才输出需求和人才培养能力需求,形成社会人才需求导向的人才培养领域外部与内部价值共联共生;分析社会生产建设管理服务实践对科学技术转化的需求,推导高校科学研究成果和科学研究能力需求,形成社会科技需求导向的科学研究领域外部与内部价值共联共生;分析社会生产建设管理服务实践对技术咨询服务的需求,推导高校技术咨询服务内容及服务能力,形成服务社会成效导向的社会服务领域外部与内部价值共联共生;分析社会文化传承创新成效需求,推导高校文化传承创新内容与能力,形成文化发展导向的文化传承创新外部与内部价值共联共生。

三、自我认同:评估范畴反思实践与群体信念

所谓自我认同,安东尼·吉登斯(Anthony Giddens)认为是个人依据其个人经历所形成的,作为反思性理解的自我。[①]自我认同在某种意义上与主体经历有关,是主体对自我的反思性理解,行动主体通过反思实践区分自我与他人、自己与环境的重要实践。因此,在高等教育评估实践中,自我认同是政府类、学校类、社会类主体群体在价值共创基础上,对高等教育评估领域的反思性确认,这种确认至少涉及两个因素,即开展反思性实践和建构"个人"概念。政府类、学

---

① 安东尼·吉登斯.现代性与自我认同:现代晚期的自我与社会[M].赵旭东,方文,译.北京:生活·读书·新知三联书店,1998:58.

校类、社会类主体群体要在高等教育评估范畴上实现自我认同需要遵循必要的路径。

(一)创新评估范畴反思性实践

反思性实践是政府类、学校类、社会类主体群体将自身评估范畴与其他主体群体评估范畴进行区划的必然路径。所谓反思性实践,主要指各类主体群体对各自经历的高等教育评估范畴实践进行的自我思考和确认。通过这个过程,各类评估主体群体追问本类主体群体身份特征,反思本类主体群体评估价值追求,解析本类主体群体过往评估范畴实践的意义,思考本类主体群体同其他两类主体群体间评估范畴实践的关系,进而研究发现本类主体群体过去评估范畴实践经历的得失。高等教育评估范畴实践反思是一种集体性反思,既依赖于评估主体群体中个体的评估身份自觉和评估理论自觉,又有赖于各类评估主体群体的共同实施。这种集体性反思至少涉及两个方面:一是各类主体群体内部层面达成群体性共识。各类主体群体个体通过反思性实践对立足自身身份的高等教育评估范畴进行审视和形成自我认同,并通过本类主体更多个体的同类反思性实践在评估范畴上形成本类主体的群体性共识。二是各类主体群体间达成"主体间"共识。即政府类、学校类、社会类主体群体在评估范畴上的群体性认识之间彼此认同,实现群体间评估范畴的有效区划。

践行评估范畴反思性实践可以采取三种策略。一是实践反思。政府类主体群体从监管主体责任和政策变迁层面,反思不同时期高等教育评估范畴实践领域,审思政府管理主体身份角色同评估实践具体领域的匹配度。学校类主体群体从办学主体责任和自我质量监控层面,反思高校内部质量保障实践领域,审思学校办学主体身份角色同评估实践具体领域的匹配度。社会类主体群体从社会质量观察主体责任和用户体验层面,反思不同时期社会利益主体评估高校的具体实践领域,审思社会利益主体身份角色同评估实践具体领域的匹配度。二是领域区划。政府类主体群体确认监管者具体评估领域,并将本类主体管理性评估领域同其他两类主体群体评估领域区别开来。学校类主体群体确认办学者具体评估领域,并将本类主体办学性评估领域同其他两类主体群体评估领域区别开来。社会类主体群体确认质量观察者和用户具体评估领域,并将本类主体观察性评估领域同其他两类主体群体评估领域区别开来。三是内容再构。政府类、学校类、社会类主体群体分别聚焦各自确认的具体评估领域意向,围绕具体评估领域的内部与外部价值整合逻辑,分别再构具体评估领域结构。再构具体评估领域结构就是确认具体评估领域的评估要素及其要素之间的关系,从而形成具体评估领域内容"蓝图"。

(二)实现评估范畴群体信念转化

群体信念转化是政府类、学校类、社会类主体群体把具体评估领域意识转化为本类主体群体实践共同信念的过程。所谓群体信念,是群体内部个体坚信的共同理念。高等教育评估范畴群体信念,是高等教育评估主体相信的、关于评估范畴的观念或理念。把具体评估领域意识转化为群体信念,就是要各类主体群体把在反思性实践中区划开来的评估范畴在认识上进行坚守,从而指导自身的评估范畴实践活动。其中,政府类主体群体需要坚守高等教育管理者身份角色,坚定评估范畴响应服务国家战略需求、监控高等教育质量底线的信念;学校类主体群体需要坚守高等教育质量创生者和质量保证者身份角色,坚定评估范畴响应提升办学能力、社会服务能力、人才供给能力、科学研究能力、文化传承创新能力的信念;社会类主体群体需要坚守高等教育成果产出使用者和质量观察者身份角色,坚定评估范畴响应社会各领域需求、服务社会各领域转型发展的信念。

从评估主体群体评估范畴意识转化为评估主体群体评估范畴信念,是一个复杂过程,其需要评估主体群体在评估实践中不断反思,并在实践中敢于自我变革。一是思考评估范畴群体取向。通过反思性实践,评估主体群体形成了本类主体群体确信的具体评估领域,但这仅仅是评估主体群体在理性上关于具体评估领域的认识,其可能从多个方向介入,这就需要评估主体群体思考评估内容体系构建的取向。二是决定评估范畴群体实践场域。各类主体群体从多种可能的评估内容体系取向中进行抉择,选择最符合本类主体群体身份角色的评估内容体系,并在意识中将其确认为本类主体群体评估范畴的群体实践场域。三是塑造评估范畴的群体性思维。评估主体群体在研究和实践中选择评估范畴实践场域,并有意识地从本类主体群体身份角色出发思考评估范畴的实践场域,逐渐形成符合本类主体群体身份角色和实践场域的评估话语体系。即评估主体群体在大脑中建构本类主体群体评估实践场域的概念以及概念与概念之间的关系,并用本类主体群体评估话语体系思考和描述评估范畴的实践场域,逐渐形成本类主体的群体性评估思维。四是形成评估范畴群体性愿景。政府类、学校类、社会类主体群体通过群体性评估思维,各自形成本类主体群体评估范畴的观念体系,并各自通过研究和实践检验其评估范畴的观念体系,从而创构描述其评估范畴的理想性观念系统,并在本类主体群体意识中加以确认和坚持,进而成为评估范畴群体性愿景。

四、思维协同:评估范畴思维自觉与思维共享

所谓思维协同,意指不同主体间思维协和与同步,形成同频共振、和合共生的关系,最终实现思维集聚,共同致力于共同体的愿景和目标。思维协同是具有不同思维方式或模式的政府类、学校类、社会类主体群体,在高等教育评估范畴事务上发挥各自优势,共同致力于高等教育评估发展的必然要求。思维协同需要发展群体的个体协同商(collaborative-intelligence quotient)和群体协同商。所谓协同商,意指一个人面对重大集体问题时与他人共同思考的能力。[①]因此,政府类、学校类、社会类主体群体评估范畴思维协同需要发展各类主体群体内部个体的协同商,在此基础上发展本类主体群体在评估范畴事务上的集体协同商,最后需要发展不同类型主体群体之间在评估范畴事务上的协同商。

(一)评估主体群体评估范畴思维自觉

评估范畴思维自觉是指评估主体自我认识在评估范畴事务上思考问题的方式,是认识自身评估范畴思维活动的过程。评估主体群体认识自身评估范畴思维过程,就是对评估范畴实践反思结果和坚守的评估范畴信念进行再审思和再认识,揭示评估主体自身的评估范畴思维定式,分析符合自身身份角色的评估范畴思维模式,去除不符合自身身份角色的评估范畴思维模式的过程。评估范畴思维自觉需追求两个目标:一是强化本类主体群体评估范畴思维智慧与特征。政府类主体群体强化从高等教育监管者视角形成管理者评估范畴思维风格,形成从管理视角选择高等教育具体评估领域的思维假设和话语体系,树立

[①] 道娜·马尔科娃,安吉·麦克阿瑟.协同的力量:与思维方式不同的人共同思考[M].胡晓姣,陈志超,熊华杰,译.北京:中信出版社,2017:7.

管理型评估范畴愿景目标,使其区别于学校类和社会类主体群体评估范畴思维。学校类主体群体强化从高校办学视角选择高等教育具体评估领域的思维假设和话语体系,树立质量生成与保证型评估范畴愿景目标,使其区别于政府类和社会类主体群体评估范畴思维。社会类主体群体强化从高等教育消费者和观察者视角构建评估范畴思维模式,树立用户型和观察型评估范畴愿景目标,使其区别于政府类和学校类主体群体评估范畴思维。二是认识不同类型主体群体评估范畴思维差异。各类主体群体不仅要巩固自身评估范畴思维模式和特征,还需要明确本类主体群体和其他主体群体评估范畴思维的差异,才能真正将本类主体群体评估范畴思维同其他类型主体群体评估范畴思维区别开来,从而在评估范畴思维过程中具备身份角色意识。各类主体群体认识自身评估范畴思维同其他类型主体群体评估范畴思维的差异,就要明晰监管者、办学者和观察者或用户身份角色的差异,以及由此带来的具体评估领域的差异,从而在思考评估范畴过程中把握具体评估范畴的边界与尺度。

评估范畴思维自觉在政府类、学校类、社会类主体群体实践中可采取相应的策略。一是实现本类主体群体内部个体评估范畴思维自觉。同类主体群体内部个体评估范畴思维自觉是指同类主体群体的每个实践者都要从自身身份角色出发,思考本类主体群体评估范畴思维模式,使自身关于评估范畴事务的思维体现群体性特征,并与其他个体的思维特征相区别。如政府类主体群体中教育行政部门或公益性专业评估机构从业者就需要结合自身岗位特色和职能角色,有意识地认识自身在评估范畴事务上的思维模式,并在工作过程中形成体现自身身份角色特征的评估范畴话语体系。学校类或社会类主体群体的每个实践者也需基于自身工作环境和身份特征,有意识地形成体现自身身份角色特征的评估范畴话语体系。二是践行本类主体群体评估范畴思维自觉。同类主体群体性思维自觉是评估主体在本类主体群体中评估范畴思维同一的过程。评估范畴思维同一是指同类主体群体在评估范畴思维方面达成一致认同或形成相同思维模式和话语体系。这是群体主体个体思维求同存异的过程,通过这个过程,同类主体群体评估范畴思维模式和话语体系形成群体性风格和特色,建构属于本类主体群体评估范畴思维的类属性。三是践行不同主体群体"间"评估范畴思维自觉。不同主体群体"间"评估范畴思维自觉是指各类评估主体群体在建构本类主体群体评估范畴思维"类"属性基础上,反思本类主体群体评估范畴思维"类"属性同其他主体群体评估范畴思维"类"属性间的差异性概念，进一步将本类主体群体评估范畴思维独立出来，进而在思维中真正确认自身评估范畴思维的独特性。

(二)评估主体群体评估范畴思维共享

评估范畴思维共享是指将不同类型主体群体间独特的思维模式和话语体系联结起来，建立各类主体群体间差异性评估范畴思维的统一体。在高等教育评估思维协同实践中，没有不同类型主体群体评估范畴思维的绝对差异，也就没有不同类型主体群体评估范畴思维的相互协同，更没有不同类型主体群体评估范畴思维的各自认同，各类主体群体在评估范畴思维上就失去了自身的身份角色特征和站位，在评估实践中就会产生身份角色混乱。缺失评估范畴思维的差异，评估范畴思维共享就失去了价值和必要性。因此，评估范畴思维自觉使各类主体群体将自身评估范畴思维同其他评估范畴思维相区别，其为评估范畴思维共享创建了必要条件，同时不同类型主体群体评估范畴思维区别并非评估范畴思维发展的终极目标，其发展的终极追求是各类主体群体评估范畴思维的共享。评估范畴思维共享的关键在于既要坚守本类主体群体评估范畴思维本心，同时又要善于转变自身评估范畴思维模式和影响他人评估范畴思维模式，使不同主体群体的差异性评估范畴思维能够在同一时空下实现。这就要求政府类、学校类、社会类主体群体既要坚守自身评估范畴思维模式和话语体系，同时又要积极"理解"和"适应"其他两类主体群体评估范畴思维模式和话语体系，其在本质上是三类主体群体评估范畴思维从"分离"实现"合一"的过程。其中，三类主体群体评估范畴思维的理解性主要是各类主体群体认识并尊重彼此评估范畴思维；而适应性则是三类主体群体评估范畴思维的彼此影响，从而实现不同类型主体群体评估范畴思维的彼此调适，进而实现三类主体群体评估范畴思维的有效共享。

实现政府类、学校类、社会类主体群体评估思维共享的关键在于彼此理解对方评估范畴思维模式和话语体系，并实现评估思维模式和话语体系的有效联结。在实践中至少可采取四种策略。一是理解评估范畴话语体系和思维模式。三类主体群体使用自身话语体系探析对方评估范畴思维模式，并解读对方评估范畴话语体系，分析对方评估范畴思维实践使用的概念以及概念与概念之间的关系,明确其使用评估范畴概念体系描述和分析具体评估领域的方式。二是明确评估范畴话语体系和思维模式差异。政府类、学校类、社会类主体群体明确彼此评估范畴思维模式和话语体系的具体差异,并将本类主体群体的这种差异转变为可被其他两类主体群体理解的评估范畴话语体系,同时理解其他两类主体群体的差异性评估范畴话语体系,明确差异性评估范畴话语体系的使用方式,让彼此存在差异的话语体系及其运用方式成为可以被彼此认同和接纳的内容。三是转换评估范畴话语体系和思维模式。政府类、学校类、社会类主体群体彼此转换身份角色,移情换位考察其他两类主体群体评估范畴,在意识上实现三类主体群体身份角色互换,使用其他两类主体群体的话语体系和思维模式描述和理解具体评估领域,形成其他两类主体群体具体评估领域的概念图式。四是统合评估范畴话语体系和思维模式差异。政府类、学校类、社会类主体群体回归本类主体群体话语体系和使用方式,各自基于自身身份角色调适本类主体群体话语体系及其使用方式,使不同类型主体群体围绕高等教育实践场域的差异性思维变得更容易被其他两类主体群体所理解。不同类型主体群体将高等教育不同层面或不同方面的话语体系和思维模式共同构成可以彼此联结、彼此补充、彼此支撑的更大评估范畴思维话语体系和思维模式,而每类主体群体的评估范畴话语体系和思维模式成为其中的有机组成部分,成为不可分割的评估范畴思维共同体的子系统。

五、场域共联:评估范畴实践和合与秩序共治

所谓场域共联,意指政府类、学校类、社会类主体群体具体评估领域指向的高校办学实践活动联合形成系统整体。场域共联的关键在于各类主体群体具体评估领域在合理划界基础上的实践和合与秩序共治。从某种意义上讲,各类主体群体的合理划界是主体群体评估范畴思维在观念世界中确定评估领域边界,这种思维中的评估领域边界指导着评估主体群体的评估实践行为,从而形成各类主体群体在客观世界中表现出的具体评估领域。因此,通过思维共享,各类主体群体评估范畴思维对具体评估领域划界的合理性决定了评估主体群体评估实践具体领域的合理性。同理,各类主体群体评估范畴思维在观念中的和合,成为各类主体群体间具体评估领域在现实实践中和合的基础。这种观念

世界和实践世界具体评估领域的和合最终依赖于各类主体群体共同治理各自的具体评估领域。

(一)各类主体群体评估范畴实践和合

评估范畴实践和合,顾名思义,意指政府类、学校类、社会类主体群体的具体评估领域整合形成统一整体。在实践中,三类主体群体具体评估领域统一体形成主要表现为各自具体评估领域分则不同、合则一体的实践状态。所谓分则不同,意指独立考察政府类、学校类、社会类主体群体的具体评估领域,每类主体群体具体评估领域都不同于其他两类主体群体,任何一类主体群体的具体评估领域都不能被其他两类主体群体的具体评估领域替代。分则不同的具体评估领域存在两种情况:第一种情况是三类主体群体评估指向的高校办学实践活动不同;第二种情况是三类主体群体评估指向的高校办学实践活动相同,但各自指向该办学实践活动的不同方面或不同属性。但无论哪种形态,三类主体群体考察高校办学实践活动都存在差异。所谓合则一体,意指将政府类、学校类、社会类主体群体的具体评估领域联合起来考察,三类主体群体的具体评估领域则成为一个联合体。这种联合体表现为三类主体群体具体评估领域相互补充、相互支撑、相互融合,在具体评估范畴上合成一体。这种联合体也存在两种形态:一是三类主体群体指向高校办学实践活动的不同领域联合形成整体;二是三类主体群体指向高校办学实践活动的相同领域的不同方面联合形成整体。因此,各类主体群体评估范畴实践和合表现为三类主体群体具体评估领域的相互"嵌套"。这种相互"嵌套"有三个和合特征:一是各类主体群体具体评估领域自成一个系统整体,二是各类主体群体指向的相同高校办学实践活动构成系统整体,三是各类主体群体指向的不同高校办学实践活动相互调适形成整体。

各类主体群体评估范畴实践和合有赖于政府类、学校类、社会类主体群体具体评估领域的有意识构建,其至少可以在三个方面做出创造性实践。一是依据评估主体群体身份角色创构体系化实践范畴。政府类主体群体具体评估领域符合高等教育管理者身份角色和法律法规赋予的高等教育监管权限;学校类主体群体具体评估领域符合高等教育法及相关政策法规赋予的高校办学自主权,以及有利于实现高校内部质量保障愿景目标;社会类主体群体具体评估领域符合其所代表的社会各领域欲求、需要或目的,以及社会利益主体观察高校办学的角色定位。各类主体群体具体评估领域体系化的关键是具体评估范畴的构建要遵循高校办学规律和办学实践的内在联系,使创构的具体评估领域同办学实践系统之间具有一致性。二是甄别各类主体群体相同评估范畴的差异性评估领域。政府类、学校类、社会类主体群体需要通过思维共享,寻求本类主体群体同其他两类主体群体相同的评估领域,并辨别本类主体群体介入该评估领域的应有视角,明晰本类主体群体关注该评估领域的具体属性,达成三类主体群体从三个不同维度对该评估领域开展评估实践,从而形成对该评估领域的全方位认识。一般来讲,三类主体群体共同关注的高校办学领域通常为高校办学实践的核心领域,也即影响三类主体群体的核心利益,或满足三类主体群体欲求、需求或目的的关键领域,也是高等教育评估的重点领域。三是建立各类主体群体评估范畴之间的相互联系。政府类、学校类、社会类主体群体评估范畴相互联系、相互观照、相互尊重是评估范畴在实践中统一的具体表现形式。三类主体群体要相互寻求本类主体群体具体评估领域同其他类型主体群体评估范畴的联系,实现不同类型主体群体不同评估范畴相互补充或接续,以及不同类型主体群体相同评估范畴的不同评估领域相互错位、启发和印证,从而达成政府类、学校类、社会类主体群体在各自的评估领域内实现评估领域的合体。

(二)各类主体群体评估范畴秩序共治

评估范畴秩序是指政府类、学校类、社会类主体群体各自评估范畴在高等教育评估范畴体系中所处位置及其运行规则。评估范畴实践和合仅仅是各类主体群体评估范畴理想愿景的一种状态,要使这种状态成为高等教育评估范畴的长效机制,就必须实现政府类、学校类、社会类主体群体共同治理评估范畴领域的机制,从而使评估范畴和合实践成为高等教育评估范畴的稳定秩序。评估范畴和合型秩序共治至少具有三个基本特征:一是政府类、学校类、社会类主体群体具体评估领域相对稳定,且有客观规则制约三类主体群体评估领域范围,使其不能随意逾越符合本类主体身份角色的评估领域边界。二是政府类、学校类、社会类主体群体间具体评估范畴关系和合,各类主体群体具体评估领域彼此关联、相互补充或接续,各类主体群体评估领域内部或之间无简单重复或缺位的评估领域,从而形成一个覆盖高校办学实践全域的评估领域有机整体。三是政府类、学校类、社会类主体群体具体评估领域间信息流通,形成互相依赖、价值共生的发展机制。信息流通是各类主体群体具体评估领域间的信息交换,这种交换信息的必要性源自各类主体群体评估领域均为高校办学实践的有机组成部分，因而信息交换是确立的各类主体群体评估领域联成整体的基本路径；互相依赖意指各主体群体具体评估领域在实践中并非彼此割裂，而是互为条件或背景，各类主体群体均视其他两类主体群体的具体评估领域为本类主体群体具体评估领域的外部环境；价值共生意指三类主体群体具体评估领域的价值增值相互依存，各类主体群体具体评估领域满足彼此具体评估领域的欲求、需求或目的，从而实现三类主体群体评估领域的整体性发展。

在高等教育评估实践中，政府类、学校类、社会类主体群体具体评估领域和合共治至少可采取四项举措。一是创建评估范畴协同规则。建立维护各类主体群体评估范畴实践运行公共秩序的评估范畴规则，是实现多元主体共同治理评估范畴的制度基础。评估范畴规则是规范政府类、学校类、社会类主体群体具体评估领域行为的制度安排，其制度的核心精神和功能是确定三类主体群体评估范畴实践行为活动范围，使三类主体群体评估范畴彼此边界明晰、内容相互和合。二是创构评估范畴市场机制。评估范畴市场机制是政府类、学校类、社会类主体群体具体评估领域相互影响、相互作用的主要机制。评估范畴在协同规则影响下形成了三类主体群体评估范畴实践的规范性边界，但评估主体群体之间评估范畴调适仍需通过评估市场机制对具体评估领域的柔性配置和灵活调整来实现。尤其在政府类、学校类、社会类主体群体身份角色发生变化，三类主体群体间评估关系以及高校办学实践发生变革时，评估范畴实践机制是规范三类主体群体具体评估领域协同的重要力量。三是建立评估范畴协调机制。评估范畴协调机制是政府类、学校类、社会类主体群体有组织地对具体评估领域实现有目的调整的规范性体系，是三类主体群体具体评估领域实现有机统一、相互协调、整体联动的组织机制。评估范畴协调机制需要三类主体群体通过评估组织或平台实现共同参与。四是提升评估范畴治理能力。政府类、学校类、社会类主体群体参与评估范畴的治理能力影响三类主体群体具体评估领域和合程度，这就需要提升三类主体群体决策具体评估领域、协同彼此具体评估领域关系的能力，增强三类主体群体对高校办学实践变革的及时应变能力，以及对具体评估领域发生冲突或处于无序状态的实践反思和变革能力，从而在创构和维持高等教育评估范畴和合状态中发挥真正作用。

第六章
高等教育全方位评估模式协和

在高等教育评估实践中,评估效用协同需要评估主体共同体在整合的评估范畴中采用合理的评估模式来实现。政府类、学校类、社会类主体群体评估模式,也就成为高等教育全方位协同评估机制创建的关键领域。政府类主体群体作为高等教育监管部门、学校类主体群体作为自主办学主体、社会类主体群体作为生产建设管理实践领域代表和高等教育质量观察者,如何在高等教育评估实践中实现评估模式协和,也就成为创新高等教育全方位协同评估机制追问的重要问题。

第一节 高等教育评估模式协和的意蕴

在高等教育评估实践中,同类型主体群体采用的评估模式通常具有相同性,即使采用不同评估模式,其也具有相通性;同时,不同类型主体群体采用的评估模式具有差异性,即使采用相同评估模式,其也具有差异性。评估模式在实践中表现出的相同性和差异性,源自评估模式产生的本源和评估主体群体对评估模式的看法。因此,要考察高等教育多类主体群体评估模式的协和,就必须先把握高等教育评估模式的内涵及其评估模式协和的本质。

一、评估模式的内涵

明晰评估模式内涵的关键在于理解模式。所谓模式《现代汉语词典》将其解释为"某种事物的标准形式或使人可以照着做的标准样式";《汉语大词典》将其解释为"事物的标准样式"。在一些学科研究领域,研究者对模式的看法也不尽相同,而克里斯托弗·亚历山大(C. Alexander)把模式看作解决反复出现的问题的方法论或方案的观点,更符合评估实践情景。从已有研究来看,尽管对"评估"与"模式"的看法见仁见智,但也具有基本共同点,即"评估"是评估者按照特定标准,借助科学程序,系统收集量化或质性信息,并据此对评估对象做出价值判断的活动或过程;"模式"是为解决某类问题,从特定理论视角出发,抽象或简化出的科学思维与科学操作方法。关于评估模式,美国著名学者斯塔弗尔比姆认为评估模式是选择目标及进行评估处理时对所遭遇问题的一种理想化或"模式化"的看法,每种评估模式都在回答评估问题的不同面向,而选择评估模式则是从可以且应该探讨的评估问题与议题以及可供使用的资源开始考量。就此而言,评估模式的内涵至少可从四个方面进行理解:一是评估模式是解决评估领域反复出现的问题的一套成功方案或方法系统;二是评估模式既是关于问题解决的理想化观念,也是解决问题的模式化手段;三是评估模式采用既要立足评估所解决的问题或议题,也要考虑评估可供使用的资源,而评估资源在评估模式抉择中更加重要;四是解决同一复杂评估问题可能涉及多种评估模式,而每种评估模式都在探索或解决复杂评估问题的某一层面或方面的问题。

二、评估模式协和的内涵

评估模式协和,简言之,指多种评估模式和谐融洽与统合。评估模式作为解决评估主体在评估实践中遭遇的评估问题的成功方案或方法系统,其通常具有多元性。在多种评估模式解决同一复杂评估问题的情境中,不同评估模式所解决的复杂评估问题的层面或方面具有针对性。那么,具体评估模式能够解决复杂评估问题的何种方面或层面的问题,或解决评估问题的某个方面或层面需要采用何种模式化手段,这些模式化手段如何有效组合,从而确保复杂评估问题的不同方面或层面能得到成功解决,也就成为解决复杂评估问题的成功方案体系或方法体系要破解的话题。因此,所谓评估模式和谐融洽与统合,其实质就是指多元主体群体解决复杂评估问题采用的多种评估模式之间能够有效契合,共同致力于复杂评估问题各层面或方面问题的解决,并最终成功解决整个复杂评估问题。

评估模式协和至少包括三个方面:一是评估模式协和在结构上是多元评估模式能够共同构成成功解决复杂评估问题的更大方案或方法系统,其也可以称为评估模式体系;二是评估模式协和的基础是其复杂评估问题包含的多层面或方面问题的系统性,其也可以称为评估问题体系;三是评估模式协和是评估模式体系与评估问题体系的统一体,是成功解决体系化评估问题的多元评估模式的联系状态。

三、高等教育评估模式协和的意蕴

高等教育评估模式协和,简言之,是指高等教育领域采用的多种评估模式之间的和谐融洽与统合。从评估模式协和的一般特征来讲,高等教育评估模式协和至少具有三个基本特征。一是协和的高等教育评估模式解决的高等教育复杂评估问题具有系统性。政府类主体群体评估模式主要指向高等教育评估领域的监管型评估问题;学校类主体群体评估模式主要指向高等教育评估领域的自主办学型或自我保证质量型评估问题;社会类主体群体评估模式主要指向高等教育面向社会生产建设管理实践的服务型问题。监管型评估问题、自主办学型或自我保证质量型评估问题、社会生产建设管理实践服务型评估问题等共同构成复杂的高等教育评估问题。就此而言,高等教育评估模式协和体现在模式所针对的高等教育评估问题间关系的协和。二是三类主体群体采用的高等教育评估模式作为高等教育评估模式体系的构成部分,其本身是成功解决复杂高等教育评估问题的某方面或层面问题的具体方案或方法。政府类主体群体采用的高等教育评估模式是具体解决监管型评估问题的具体方案或方法;学校类主体群体采用的高等教育评估模式是具体解决自主办学型或自我保证质量型评估问题的具体方案或方法;社会类主体群体采用的高等教育评估模式是具体解决社会生产建设管理实践服务型评估问题的具体方案或方法。各类主体群体解决具体评估问题的具体方案或方法构成有机整体,共同致力于复杂高等教育评估问题的解决。就此而言,高等教育评估模式协和即复杂高等教育评估问题解决方案或方法间关系的协和。三是高等教育评估模式体系与评估问题体系间的匹配度,是评估模式体系成功对接高等教育评估问题体系的条件。政府类主体群体采用的评估模式有利于监管型评估问题的解决;学校类主体群体采用的评估模式有利于自主办学型或自我保证质量型评估问题的解决;社会类主体群体采用的评估模式有利于社会生产建设管理实践服务型问题的解决。就此而言,高等教育评估模式协和即各类主体群体采用的评估模式适切各自评估范畴具体问题的协和。

第二节　国际高等教育评估模式发展状态

世界上不同国家的高等教育评估模式既有相通性结构因素,又有差异性表现形态,这种多元高等教育评估模式对分析我国高等教育评估模式的问题并寻求问题的解决方案等具有重要参考价值。有鉴于此,本书按照集权型、分权型、合理授权型管理机制,分类考察高等教育评估模式状态的社会性特征。

一、国际高等教育评估模式形态

分权型、集权型、合理授权型管理机制的高等教育评估模式存在差异。

(一)分权型高等教育评估模式

在分权型管理机制中(见表6-1),政府类主体群体主要从颁布高等教育评估政策法规、保证高等教育评估运行秩序、确保认证机构资质、强化高等教育评估结果运用方面,对高等教育质量进行宏观调控。社会类主体群体作为评估的实施方,通过促使高校接受外部评估指标,开展评估(或认证),提升高等教育质量。由于评估结果影响政府拨款、资源配置、社会声誉,高校主动参加评估的积极性高。评估流程一般包括:高校、专业等申请评估,并开展自评自建;政府类主体群体对民间第三方评估认证机构进行评估;获得评估认证资质的第三方机构对院校、专业等进行评估(或认证)。

在具体评估活动中,评估主体采取的评估模式具有多样性。社会类主体群体评估模式异中有同。如美国高等教育认证协会实施院校认证的程序:院校完成自评并向认证机构提出申请,认证机构组织评估专家组实地考察,认证机构委员会根据专家组考察报告的建议做出评估决定。英国高等教育质量保证署实施学术评估程序:高校自行评估,学术审核小组分析核实并做出最终判断。加拿大本科教育评估委员会开展院校评估程序:院校提出自评报告,进行文案分析,组织专家现场考察,向院校反馈初步意见,委员会形成最终报告,向院校反馈并向教育大臣报送报告,后公开发布。德国地区性评估和认证机构开展新学位课程认证的程序:申请者提交自评报告,认证机构评估小组现场考察,评估小组向认证机构提交评估报告。

学校类主体群体评估与常规管理相结合。如英国高等学校内部课程评估程序涉及课程设计、课程审批、课程监控等环节;学校层面评估则直接聘请外部考核专家向学校领导做出报告。

(二)集权型高等教育评估模式

在集权型管理机制中(见表6-1),政府类主体群体通过制定高等教育评估政策、构建高等教育评估体系、成立官方高等教育评估机构等,统筹实施国家高等教育评估活动。高等教育评估作为行政行为,要求达到一定资质的高校定期开展,高校作为重要评估主体,主要根据评估指标要求开展自评自建。在此机制中,社会类主体群体作为第三方评估主体缺乏主动对高校实施评估的合法性。评估流程为学校或专业等申请评估,并开展自评自建,政府部门或隶属于政府部门的评估机构或组织,对院校、专业实施认证与评估。

在具体评估活动中,评估主体采取的评估模式具有多样性。如法国国家评估委员会组织的院校评估程序:机构自身内部评估,委员会组织和安排评估专家进行外部评估。印度国家评价与认证委员会组织实施评估的程序:学校准备自评报告,向委员会提交自评报告,委员会对报告进行分析,委员会安排同行专家组考察学校并确认自评报告,向学校反馈评估报告,委员会根据专家组报告确定学校等级、资格以及是否通过认证。马来西亚质量保障部门实施评估的程序:高校自评,组织专家组审读自评报告和数据资料,向学校口头反馈,质量保障部门组织专家组研究质量报告并形成最终评估报告。学校类主体群体的自评程序:成立自评组,搜集数据和资料,自评分析,形成自评报告。

(三)合理授权型高等教育评估模式

在合理授权型管理机制中(见表6-1),政府类主体群体建立官方评估机构,也通过认证社会机构资质、委托社会专业团队实施评估的方式将部分评估权力合理授于社会类主体群体;高校根据评估要求开展自我评估。评估实施采用高校或专业等申请评估并开展自评自建,政府类主体设立独立的第三方机构或委托社会专业团队实施评估,受委托的机构对院校、专业等进行评估与认证等办法。

在具体评估活动中,评估主体采用的评估模式异中有同。如丹麦高等教育质量保障和评估中心实施评估采用提出协议学校专业自评,对利益主体开展专业质量调查,开展实地考察,公布分析报告的办法。日本高等教育机构评估采取审议会进行评估,并向文部科学省提出建议,文部科学省参考审议会建议自主做出结论等办法。日本新建高校或新建专业评估主要授权学术自治机构评估质量或委派监察员监督质量。学校类主体群体主要通过自我评估或监察方式来自我保障质量,并成为一种必需活动。[1]社会类主体群体利用自身资源优势开展评估。

从国际高等教育评估模式主流趋势来看,成果导向模式是国际高等教育评估实践的一种重要取向(如专业认证等),其以预期影响性结果、产出性结果和中介性结果为引领,遵循成果生成的"果—因"链,引导高校提高办学效率、实现提升自身品质、增强产业服务效果。成果导向评估强调引领预期目标达成、实现利益主体协同诊断、回溯成果生成机制、研判成果链实效性、提供成果改进资讯等基本理念;考虑评估功能发挥对预期影响性结果的响应度、运行过程对生成产出性结果的有效度、建设过程对生成中介性结果的支撑度、愿景规划对各阶段预期结果的映射度等(董小平,2017)。注重采用响应评估来判定专业影响性结果匹配产业需求的程度;通过表现评估来探究运行过程生成产出性结果的效能;通过发展评估来判断资源建设生成中介性结果的效率;通过映射评估来判断发展愿景引领发展结果的实效;通过改善评估来提升结果系统导引专业建设的成效。

---

[1] 郑晓齐.亚太地区高等教育质量保障体系研究[M].北京:北京航空航天大学出版社,2007:13-15.

二、国际高等教育评估模式启示

从三种管理机制采取的高等教育评估模式实践来看,综合发挥各类评估模式优势与互补功能,更有利于不同类型主体群体评估模式的协和(见表6-1)。从某种意义上讲,评估模式差异主要源于评估项目性质的差异,和评估组织实施的具体环境和条件有关。学校类主体群体评估模式更宜采取自评模式,通常采用监控模式的评估程序,如瞄准质量目标,内部采集数据信息,内外专家共同形成分析报告,及时反馈信息,关注持续改进情况。政府类主体群体评估模式更宜采取行政模式,如发布通用评估标准,引导学校开展自评,组织专家分析自评报告并实施现场考察,政府部门审核专家意见并做出评估结论。社会类主体群体评估更宜采用协商模式,如协议双方形成评估方案,双方共同采集数据信息,双方协商评估意见,评估机构做出评估结论并征求高校意见,评估机构发布或交付评估结论。

表6-1 国际高等教育评估模式分类

评估管理机制	国家	评估主体	评估模式(解决问题方案或方法)
分权型	美国[1][2]	高等教育认证协会	院校认证:院校完成自评并向认证机构提出申请,认证机构组织专家组赴校实地考察评估,认证机构委员会基于专家组考察报告的建议做出决定
		联邦教育部和高等教育认证协会批准或承认的全国性专业认证委员会(非官方)	专业认证:专业完成自评并向认证机构提出申请,认证机构组织评估专家组赴校实地考察评估,认证机构委员会基于专家组考察报告的建议做出决定
		联合研究理事会会议委员会	博士研究生教育评估:评估委员会将博士点信息分送给评估专家,专家打分,评估委员会汇集并公布所有专家打分结果

---

[1] 张德才,陈虹岩.比较与借鉴——中外高等教育评估体系研究[M].哈尔滨:哈尔滨工程大学出版社,2008:113-114.

[2] 雷庆.北美地区高等教育质量保障体系研究[M].北京:北京航空航天大学出版社:2008:5-19.

续表

评估管理机制	国家	评估主体	评估模式（解决问题方案或方法）
分权型	英国[1][2]	高等教育质量保证署（QAA）	学术评估（周期6年）：以高校自评为主，自评后形成评估文件，QAA学术审核小组对文件进行分析、核实，做最终判断
			专业评估/院校评估：主评估，中期评价，学校评估报告，院校评估报告
		高等学校内部质量保障体系，包括大学校长委员会（CVCP）、学位审查处（AUU）、商业与技术教育委员会（BTEC）	高等学校的内部课程评估：规定课程设计、课程审批、课程监控
			高等学校的内部质量评估（学校评估）：聘请外部考核专家向学校领导做出报告（每5年一次）
		民间高等教育监督与评估系统如《泰晤士报》《金融时报》	公开搜集数据，分析数据，做出高校排名
	加拿大[3][4]	与高等教育相关的全国性非政府组织[如加拿大高等院校联合会（AUCC）]	确认会员资格
		《麦克林》时事杂志	公开搜集数据，分析数据，做出大学排名
		全国性专业认证机构[加拿大工程教育鉴定委员会（CEBA）]	工程专业认证：拟定调查协议，调查组提名，鉴定调查表，报告和决定，限期鉴定，公布，申述
		本科教育评估委员会（CEEC）	院校评估：院校提出自评报告，进行文案分析，组织专家现场考察，向院校反馈初步意见，委员会形成最终报告，向院校反馈并向教育大臣报送报告，后公开发布

---

① 张彦通.欧洲地区高等教育质量保障体系研究[M].北京:北京航空航天大学出版社,2007:21-37.
② 张德才,陈虹岩.比较与借鉴——中外高等教育评估体系研究[M].哈尔滨:哈尔滨工程大学出版社,2008:59-68.
③ 李中国,皮国萃.加拿大高等教育质量保障体系及其改革走向[J].黑龙江高教研究,2013(02):41-44.
④ 雷庆.北美地区高等教育质量保障体系研究[M].北京:北京航空航天大学出版社,2008:266-291.

续表

评估管理机制	国家	评估主体	评估模式(解决问题方案或方法)
分权型	澳大利亚[1][2]	高等教育质量和标准署(TEQSA)(2011年成立,替代AUQA、州和地区性监管机构)	设置认证:绩效评价(高等教育质量"现代化的监管架构",基于标准和产出的质量评价模式)
	德国[3][4]	地区性评估和认证机构(经德国认证委员会认证)	地区性教学评估(专业认证):内部自我评估,外部专家评审,院—校协议
		地区性评估和认证机构(经德国认证委员会认证)	新学位课程认证(新专业认证):申请者提交自评报告,认证机构评估小组现场考察,评估小组向认证机构提交评估报告
		地区性评估和认证机构(经德国认证委员会认证)	体系认证:前期准备(高校与认证代理机构同时进行),实地考察和专业评估,结果评定
	新西兰[5]	新西兰高校 新西兰大学学术评估署(1993年由新西兰大学校长委员会创建)	学术评估:自评,自评报告,初步实地考察,评估实地考察,报告草案(评估署),调查报告发布
	韩国[6]	韩国大学教育协会(作为国立、公立及私立综合大学校长参与协议的民间团体,下辖大学综合评估认定委员会)	综合评估与认证(五步):确定评估对象及日程,大学自评并提交自评报告书,评估委员会审阅材料并现场评估,评估委员会提交评估报告及结论,大学可申诉

---

[1] 郑晓齐.亚太地区高等教育质量保障体系研究[M].北京:北京航空航天大学出版社,2007:104-112.

[2] 金帷,杨娟,杨小燕.澳大利亚高等教育质量保障机制的变迁[J].高教发展与评估,2015(02):45-52,110-111.

[3] 张彦通.欧洲地区高等教育质量保障体系研究[M].北京:北京航空航天大学出版社,2007:174-177.

[4] 矫怡程.德国高等教育体系认证:缘起、进展与成效[J].外国教育研究,2016(02):3-16.

[5] 郑晓齐.亚太地区高等教育质量保障体系研究[M].北京:北京航空航天大学出版社,2007:153-185.

[6] 郑晓齐.亚太地区高等教育质量保障体系研究[M].北京:北京航空航天大学出版社,2007:213-216.

续表

评估管理机制	国家	评估主体	评估模式(解决问题方案或方法)
集权型	法国[1]	国家评估委员会(CNE)	院校评估:由机构自身进行内部评估,由CNE组织和安排评估专家进行外部评估
	俄罗斯[2]	俄罗斯教育部和国家评审局	再认可评估,教学工作评估,国家鉴定
	印度[3]	国家评价与认证委员会(NAAC)[该组织是国际高等教育质量保障组织(INQAAHE)的首批会员]	学校准备自评报告;将自评报告提交NAAC;NAAC对报告进行内部分析;NAAC安排同行专家组考察学校,确认学校自评报告,向学校提供综合评估报告;NAAC基于专家组评估报告确定学校等级、资格以及是否通过认证
	马来西亚[4]	大学内部质量保障机构	马来西亚大学学术评估(自评)
		高等教育司质量保障部(QAD)	马来西亚大学学术评估(外部质量审核)
		马来西亚资格认证署(MQA)	项目认证,院校审核,认证审核
合理授权型	日本[5][6]	高等教育机构	内部评估:策划,实施评估,公布评估结果
		文部科学省认定的高等教育认证评估机构	采用认证程序
	丹麦[7][8]	高等教育质量保障和评估中心	评估中心提出协议学校专业自评,由用户(学生或雇主)提出关于专业质量反馈的全面调查,针对中心和专家组分析出的重要方面开展实地考察,公布全国专业教育质量的全面分析报告

---

[1] 张彦通.欧洲地区高等教育质量保障体系研究[M].北京:北京航空航天大学出版社,2007:276-277.
[2] 张彦通.欧洲地区高等教育质量保障体系研究[M].北京:北京航空航天大学出版社,2007:293-298.
[3] 郑晓齐.亚太地区高等教育质量保障体系研究[M].北京:北京航空航天大学出版社,2007:191-198.
[4] 郑晓齐.亚太地区高等教育质量保障体系研究[M].北京:北京航空航天大学出版社,2007:113-125.
[5] 郑晓齐.亚太地区高等教育质量保障体系研究[M].北京:北京航空航天大学出版社,2007:7-13.
[6] 徐国兴.日本高等教育质量保障体系的多样化、多元化和一体化[J].高等教育研究,2009(05):99-102.
[7] 侯威,李威.丹麦高等教育的外部质量保障机制[J].世界教育信息,2004(09):39-41.
[8] 张彦通.欧洲地区高等教育质量保障体系研究[M].北京:北京航空航天大学出版社,2007:279-284.

第三节 我国高等教育评估模式实践现状

我国高等教育评估在长期发展中已形成具有中国特色的实践模式,其为创新政府类、学校类、社会类主体群体协同评估高等教育的模式奠定了坚实基础。

一、政府类主体群体行政评估模式

我国政府类主体群体在长期实践中形成了特征明显的行政评估模式。

(一)行政评估模式实作过程

该类评估模式步骤通常包括:评估要求发布,评估工作规划,高校自评自建,高校提供自评报告,评估专家审读自评报告,专家现场考察,评估专家形成评估报告,政府部门审定评估报告并向高校反馈,在各类资源分配中使用评估结论。调研发现,政府类主体群体实施评估通常按"政府部门聘请专家—专家组结合实地评估标准做出判断—给出评估意见"程序实施。当前,我国国家层面政府类主体群体实施的代表性行政评估模式主要用于普通高校本科教育教学审核评估、师范类专业认证、高职院校适应社会需求能力评估。其中,本科教育教学审核评估的程序包括评估申请、学校自评、专家评审、反馈结论、限期整改、督导复查等阶段;[1]师范类专业认证程序包括申请与受理、专业自评、材料审核、现场考察、结论审议、结论审定、整改提高等7个阶段;[2]高职院校适应社会需求能力评估实施程序包括数据采集、学校自评、省级教育行政部门指导与监督、省级教育行政部门开展区域性评估、第三方机构开展全国性评估、结果运用等阶段(表6-2)。

---

[1] 教育部.教育部关于印发《普通高等学校本科教育教学审核评估实施方案(2021—2025年)》的通知(教督〔2021〕1号)[EB/OL].(2021-02-03)[2022-10-30].http://www.moe.gov.cn/srcsite/A11/s7057/202102/t20210205_512709.html.

[2] 教育部.教育部关于印发《普通高等学校师范类专业认证实施办法(暂行)》的通知(教师〔2017〕13号)[EB/OL].(2027-10-26)[2022-10-30].http://www.moe.gov.cn/srcsite/A10/s7011/201711/t20171106_318535.html.

表6-2　我国国家层面高等教育行政评估模式

项目名称	实施环节	操作方式
本科教育教学审核评估	(1)评估申请	高校向教育行政部门申请。其中,中央部门所属高校(包括部省合建高校,下同)向教育部申请;地方高校向省级教育行政部门申请;地方高校申请参加第一类审核评估由省级教育行政部门向教育部推荐
	(2)学校自评	高校参加评估培训,制订工作方案,开展自评工作,形成自评报告并公示
	(3)专家评审	从全国审核评估专家库中抽取评估专家;专家审阅材料、线上访谈、随机暗访等,形成专家个人线上评估意见;入校评估专家入校重点考察线上评估提出的存疑问题,形成写实性审核评估报告
	(4)反馈结论	教育部和各省级教育行政部门分别负责审议隶属高校的审核评估报告,并反馈高校和公开
	(5)限期整改	高校制订并提交整改方案,两年内完成整改并提交整改报告
	(6)督导复查	各级教育行政部门随机对高校整改情况进行督导复查
师范类专业认证(第二、三级)	(1)申请与受理	地方高校向省级教育行政部门委托的教育评估机构提交认证申请。中央部门所属高校向教育部教育质量评估中心提交认证申请。教育评估机构依据受理条件审核高校申请的专业
	(2)专业自评	高校依据认证标准开展专业自评工作,按要求填报有关数据信息,撰写并提交自评报告
	(3)材料审核	接受委托的评估机构组织专家审核专业材料
	(4)现场考察	接受委托的评估机构组建专家组,通过深度访谈、听课看课、考察走访、查阅文卷、集体评议等方式,判断专业达到认证标准情况
	(5)结论审议	评估机构审议现场考察专家组认证结论建议,并经委托方同意后报教育部认证专家委员会
	(6)结论审定	教育部认证专家委员会审定评估机构报送的认证结论建议,并适时公布
	(7)整改提高	高校依据认证报告进行整改,并提交整改报告

续表

项目名称	实施环节	操作方式
高职院校适应社会需求能力评估	(1)数据采集	学校完成线上数据采集和调查问卷
	(2)学校自评	学校按照指标开展自评,形成自评报告报省级教育行政部门,并在官方网站公布自评报告
	(3)省级教育行政部门指导与监督	省级教育行政部门指导和监督学校上报数据
	(4)省级教育行政部门开展区域性评估	省级教育行政部门结合学校自评报告形成省级评估报告,并报国务院教育督导委员会办公室
	(5)第三方机构开展全国性评估	国务院教育督导委员会办公室委托第三方机构基于学校数据信息和省级评估报告形成国家评估报告
	(6)结果运用	省级教育行政部门向学校提出整改意见,地方教育行政部门依据评估结果优化高等职业院校专业布局,向国务院教育督导委员会办公室报送整改结果

(二)行政评估模式运行特点

从政府类主体群体开展的主要评估项目实践情况来看,我国高等教育行政评估模式主要有五个特点:一是评估实施环节强制性规定。即评估实施过程的主要环节由政府部门明确规定,通常情况下高校需要向政府部门或其委托的第三方机构申请评估。二是高校自评是外部评估的基础。即专家评估、地方或国家政府部门评估是在高校自评基础上进行的,高校自评质量直接影响外部评估的质量。三是结论裁定权是政府类主体群体评估的基本权力。即政府部门通常掌控评估结论终极审定权和发布权。四是专家是教育行政评估的执行主体。即无论教育行政部门直接评估还是委托第三方机构评估,评估专家都是教育评估实践的实际执行者。五是整改督促是行政评估终极目标。即行政评估旨在使国家和地方层面教育行政部门根据评估结果督促高校改进质量,并通过行政性手段采取限制性措施推动高校发展。

二、社会类主体群体"爬虫"或"邀请"评估模式

社会类主体群体评估主要采取网络"爬虫"或"邀请"模式进行。其中,"邀请"评估的主体可为社会类主体群体,也可为高校,而后者又可视为"委托"。

(一)"爬虫"或"邀请"评估模式实作过程

"爬虫"评估模式和"邀请"评估模式是社会类主体群体采用的两种不同评估模式。"爬虫"评估模式更类似研究型评估模式。相对行政评估模式,这种评估模式更倾向于课题研究模式。在这种评估模式中,社会类主体群体选取评估手段倾向于考虑评估工作的便捷性、简洁性和可行性;评估实施过程较少通过官方路径公开发布评估标准,其评估标准通常由评估主体根据自己研究结果自由裁量;评估所需数据与信息主要采用教育行政部门或高校公开数据,不要求高校自主填报数据;评估时间不向公众公布,不要求高校开展自评与材料报送。社会类主体群体主要通过量化数据分析获得结论,其结论主要属于比较型,方便公众比较高校办学质量高低;评估结果发布不通过政府部门审定,部分项目评估结果由评估主体与评估对象协商形成;评估结果不强制高校使用或整改,高校掌控评估结果运用自主权,评估结果影响高校主要依赖于评估对象的关注和社会舆论的导向。"邀请"评估模式更类似于准行政评估模式。相对"爬虫"评估模式,这种评估模式更倾向于市场机制中产品消费与服务提供模式,其亦可称为交易型评估模式。在这种评估模式中,评估活动的产生源自社会类主体群体的评估项目邀请或高校委托第三方机构提供评估服务。"邀请"评估模式的起点是社会类主体群体或高校的邀请;评估标准由高校和社会类主体群体协商形成;评估所需数据或信息由高校配合第三方机构采集;评估方法灵活多样,通常采用专家评估、问卷调查、用人单位访谈、毕业生访谈等方式;评估时间由高校和第三方机构协商约定;评估结果由第三方机构按照约定方式向高校交付;高校主动运用第三方评估结果实施办学改进。

(二)"爬虫"或"邀请"评估模式运行特点

从目前社会类主体群体实施的"爬虫"或"邀请"模式实践过程来看,社会类主体群体采用的评估模式至少具有六个特点:一是研究属性特征明显。无论是"爬虫"评估模式还是"邀请"评估模式,从评估目的、评估指标或标准到评估报

告,其探索性、分析性和推理性特征明显。二是量化评估居主导地位。无论"爬虫"模式还是"邀请"模式,社会主体评估主要采集高校办学的量化数据,质性材料分析较少。三是评估方式便捷。强调评估目的和目标导向,评估实施环节偏少,强调现代化信息技术在数据信息采集中的运用。四是评估结果以研究报告为主。评估结果注重用详尽的数据支撑评估结论,评估报告注重办学成果呈现,并提出针对性建议。五是善于使用比较范式。倾向于把被评高校放置于更大的高校群体进行比较,以方便高校易于把握本校在整个比较对象或参照系中所处的位置。六是结论呈现方式通俗易懂。社会类主体群体评估结论尤其高校排名评估结论通常以专业性数据分析报告形式呈现,评估结果采用位次、等级等形式呈现,方便公众理解和掌握。

三、学校类主体群体内控评估模式

学校类主体群体内控评估模式的具体实施过程灵活多样,通常不同的具体评估领域所采取的评估实施模式也不同。

(一)内控评估模式实作过程

学校类主体群体内控评估模式因具体高校校情差异而呈现形态差异,其归纳起来具有三种形态。一是自主—自控型。自主—自控型评估模式主要指评估实施过程完全由高校自主实施。内部质量保障体制健全的高校通常采取此种内控评估模式形态。此种内控评估模式倾向于高校自主确定评估项目或具体领域,自主研制符合本校办学需求的评估目标和方案,利用高校内部科层自行组织评估数据信息采集,自行分析或聘请同行专家开展数据信息分析或现场考察,自主根据办学需要确定评估结论使用范围和方式。二是内控—参与型。内控—参与型评估模式指评估实施过程由高校主导,但由第三方机构协助实施。需自主评估而又缺乏专业性技术能力,或在重要评估环节需借助第三方实施的情况下,高校通常采用自主参与型内控评估模式形态。此种评估模式形态是高校自主—自控型与第三方评估模式的有机整合,其通常由高校确定评估项目或具体领域,自主研制符合本校办学需求的评估方案,但在评估的部分关键领域或环节委托第三方机构组织实施。第三方机构评估过程由高校和第三方机构协商形成,第三方机构评估结果作为高校自主评估的重要组成部分,高校综合第三方机构评估结果和自主评估结果形成综合性评估报告,充分利用综合性评估报告改进办学质量。三是内控—他控混合型。内控—他控混合型评估模式通常由高校自主发起评估并对评估提出具体要求;高校委托第三方机构根据评估要求研制评估方案和工具;第三方机构独立组织实施评估过程,高校在必要环节支持和配合第三方机构评估;第三方机构按照双方约定的形式交付评估产品,高校审核第三方机构提交的评估报告,并改进办学质量。

(二)内控评估模式运行特点

从目前高校内控评估模式实践形态来看,学校类主体群体采用的内控评估模式至少具有五个特征。一是高校内控居主导地位。无论自主—自控型模式、内控—参与型模式,还是内控—他控混合型模式,高校始终掌控评估主动权,评估要求和规则均由高校主导。二是校本性评估特征突出。无论完全的高校自主评估还是借助外部第三方机构评估,内控评估始终从高校自身需求出发,是基于学校自身办学需求的自我评估;评估实施实现了一校一策、一校一方案,突出了高校的个性。三是评估结果利用程度高。高校内控评估模式的发起源自高校自身内在需求,因而高校使用内控评估结果的积极主动性高,且自主跟踪改进效果,无需外部力量对其干涉或强制。四是问题解决型导向。内控评估模式以高校自身发展问题为导向,评估旨在探索解决高校办学的突出问题,是高校持续改进的重要手段。五是自我证明功能明显。内控评估模式在强化自身问题解决的同时,也向外部利益相关者证明高校办学质量,因而是一种办学信息公开的重要形式。

第四节 我国高等教育评估模式面临的问题

随着我国高等教育强国和高等教育高质量发展需求的提出,政府类、学校类、社会类主体群体实施的高等教育评估模式面临的挑战越来越突出。

一、评估问题无序化

评估模式是解决评估主体在评估实践中遭遇的问题的方案或方法体系,评估问题是其产生或形成的逻辑起点。评估问题也就成为考察不同类型主体评估模式发展合理性的重要内容。高等教育评估作为系统化实践,涉及政府类、学校类、社会类主体群体采用的评估模式所针对的评估问题,而不同类型主体采用的评估模式针对的评估问题以及问题间的关系,也直接影响到评估问题的合理性,进而影响评估模式及评估模式间关系的合理性。从当前我国高等教育评估实践来看,评估模式指向的评估问题呈现无序化特征。

(一)评估问题边界模糊

评估问题边界是具体评估模式所需要回答的基本问题,即任何一种评估模式都难以解决评估所遭遇的所有问题,或者说解决具体的评估问题需要选择适切的评估模式。因此,有效地发现或界定评估问题是提炼或从既定理论出发创构评估模式的实践逻辑起点,而准确地界定或表达评估问题就是厘清评估模式需要解决的评估问题的边界。在高等教育评估实践中,厘清评估模式所针对的评估问题至少需回答三个基本问题:评估问题是"谁"的问题(即问题的主体性),评估问题是"哪个领域"的问题(即问题的归属性),评估问题是"什么内容"的问题(即问题的本体性)。通常情况下,评估问题的主体性反映了提出问题的主体的身份合理性,其在多类主体群体共同实施的复杂评估实践中尤为重要;评估问题的归属性反映了评估指向的评估领域的适切性,其在不同主体群体评估范畴有所区划的复杂评估实践中更重要;评估问题的本体性反映了评估指向的评估问题的确切性,是评估问题最基本的品质要求。

当前,我国多类主体群体实施的高等教育评估模式表现出解决问题的无序化诟病。一是评估问题主体性缺失。即政府类、学校类、社会类主体群体评估模式所针对的问题反映主体身份特征不明显。政府类主体群体评估模式聚焦的问题难以精准反映高等教育监管主体职责;学校类主体群体评估模式主要属于外向型,难以精准反映生成质量和保证质量的办学主体职责;社会类主体群体评估模式难以有效反映社会各领域生产建设管理实践对高等教育需求的使用者和消费者职责。二是评估问题归属领域缺乏规则。政府类主体群体评估模式聚焦管理层面问题不明显,针对的问题偏大而全;学校类主体群体评估模式聚焦办学层面问题不突出,针对的问题指向外部质量保障方面居多;社会类主体群体聚焦生产建设管理实践对高等教育的需求层面问题不突出,聚焦高校排名类问题居多。三是评估问题的内容缺乏精准构建。政府类主体群体评估模式指向问题缺乏系统性，更多是汇聚式问题集群；学校类主体群体评估模式指向问题缺乏校本性，更多是外部利益主体关心的问题；社会类主体群体评估模式指向问题缺乏内涵性，更多属于高校关切的结果性问题。

(二)评估问题结构交融

评估问题结构由评估模式指向的评估问题的子问题及其子问题之间的关系构成，亦可称为评估问题的内部结构。从某种意义上讲，评估问题的子问题决定了具体评估程序和评估方法的选择与组合，也决定了评估模式的基本构建思路和策略。因此，评估模式指向的评估问题的内部结构的清晰度决定了评估模式结构的合理性。在高等教育评估实践中，评估问题的内部结构至少涉及两个层面内容：一是评估问题中子问题构成成分的合理性，即哪些问题要素可以纳入具体评估模式所应指向的问题；二是评估问题中子问题间的关系适切性，即问题要素与问题要素之间逻辑合理性问题。在政府类、学校类、社会类主体群体参与的复杂评估实践中，不同类型主体评估模式指向的评估问题的内在结构直接决定了不同类型主体评估模式在本源上关系的合理性。

我国多类主体群体实施的高等教育评估模式指向的评估问题呈现结构交融问题，这种结构交融使不同类型主体群体评估模式缺乏功能的融洽性。其表现在两个方面：一是评估问题要素区划不合理。具体评估领域的区划对政府类、学校类、社会类主体群体评估范畴进行了规范，评估问题要素则是在实施评估过程中，不同类型主体群体基于评估范畴而提出的评估所要解决的具体问题。目前，多类主体群体评估模式指向的评估问题要素区划存在交错性，政府类主体群体评估模式中指向的问题涉及学校类或社会类主体群体评估解决的问题，学校类主体群体评估模式指向的问题涉及政府类和社会类主体群体解决的问题，社会类主体群体评估模式指向的问题涉及政府类和学校类主体群体解决的问题。二是评估问题要素间逻辑主线不清晰。评估问题要素间的逻辑主线含有评估问题间的同质性和聚焦性等方面的特征。其中，同质性主要指问题属于同一领域、维度或层面的问题；聚焦性主要指问题要素聚焦某个具体评估领域的具体问题。当前，高等教育评估模式指向评估问题要素的异质性明显，如政府类主体群体评估模式指向的问题要素既有政府管理层面的问题，又有高校办学内部层面和服务社会生产建设管理实践层面的问题,这些问题交织在一起,使得评估问题要素维度多元、问题要素容量偏大、问题要素层次跨越,最终在评估过程中难以全面深入回应或解决;学校类主体群体评估模式指向的评估问题要素除校本层面办学问题外,还有政府管理层面问题和服务社会生产建设管理实践层面的问题;社会类主体群体评估模式指向的评估问题要素更多属于高校、学生和家长关心的问题,而对社会生产建设管理实践层面问题反映较少。不同类型主体群体评估模式指向问题相互交叉、相互重复、彼此不一,导致问题要素间逻辑主线不明。

二、方法手段孤立化

评估方法手段是评估模式解决评估实践遭遇的问题的策略,是评估模式的核心要素和主体内容。因此,评估方法手段的科学性以及不同类型主体评估方法手段间的协作性,也就成为审视高等教育评估方法路径的重要切入点。政府类、学校类、社会类主体群体采用的评估模式含有解决评估问题的具体方法手段,不同类型主体群体解决评估问题的方法手段既有相同性又有差异性,这既取决于解决评估问题的客观需要,又取决于评估主体的主观选择,还取决于评估主体拥有的资源条件。从某种意义上讲,评估方法手段的合理性既取决于评估问题本身的性质,也取决于评估主体主观认识和条件,是评估主体对客观问题能动性反映的结果。评估模式采取的方法手段体现了评估主体群体解决评估问题的思路原理与客观工具。评估思路原理是评估主体群体解决评估问题的理性逻辑或理念,其蕴含了评估主体群体对评估问题的研究以及对解决评估问题方案的思考。评估客观工具是评估主体解决评估问题的实作性手段或具体举措,是评估思路原理解决评估问题的客观介质。从现有实践来看,我国高等教育评估模式存在评估方法手段的孤立性问题,具体表现在下列两个方面。

(一)评估方法格局"各自为政"

高等教育评估方法格局主要指由政府类、学校类、社会类主体群体解决评估问题的思路与原理,所共同形成的用来解决更复杂评估问题的思路结构和原理体系。众所周知,高等教育作为一个实践体系,高校作为一个系统办学体系,是政府类、学校类、社会类主体群体评估的共同作用对象,各类主体群体评估遭遇的问题是指向同一客观体系的问题或同一问题的不同方面,因而各类主体群体解决评估问题的思路必然不同程度具有内在关联性。这种关联性在评估方法层面表现为解决评估问题的思路结构和原理体系认识的相通性或统合性,因而考察多类主体群体评估方法时就不可回避评估方法格局这个问题。从本质上讲,评估方法格局是将各类主体群体评估模式置于整个高等教育评估体系中进行系统思考的结果,是追求各类主体群体评估模式整合优化、以实现评估功能总体最大化的新视域。

我国高等教育不同类型主体群体间的评估方法主要通过各自评估实践传统或借鉴移植形成,其关切不同主体间问题解决思路与原理较少,因而各类主体群体评估方法在一定程度上"各自为政"。一是问题解决思路的排他性。各类主体群体在解决各自的评估问题时思维路线脉络自成一体,彼此缺乏关联性或依存性。政府类、学校类和社会类主体群体各自在解决评估问题时,立足"有我无他"视角,思考解决评估问题方法,忽视了其他两类主体群体对该评估问题的回应。各类主体群体孤立地思考各自遭遇的评估问题,在问题解决思路上缺乏相通路径或交汇点,必然出现评估思路的彼此排斥或不协和。二是问题解决原理的自为性。评估主体解决评估问题的思维遵循"自为自立"逻辑,这体现了评估主体分析和解决评估问题的"为我"性价值观念。政府类、学校类和社会类主体群体解决评估问题时,各自遵循自我目的的实现和自我手段的利用,忽视了其他两类主体群体的目的和手段的"为我所用"以及本类主体群体的目的和手段的"为他所用"。这种问题解决原理的自为性必然限制各类主体群体解决问题的思维融合创新性,难以实现评估问题解决原理的相通。

(二)评估手段功能联结松散

高等教育评估手段功能主要指各类主体群体在解决评估问题时客观工具或措施具有的功用和效能。评估手段功用倾向于指评估手段客观的作用;评估手段的效能倾向于指评估手段实际产生的作用效果。评估手段作为采用评估方法解决评估问题的具体工具或措施,是问题解决的具体过程或载体,因此,评估手段的功能主要表现为评估工具或措施解决评估问题的有效性。就此而言,评估手段是客观存在的,不同类型主体群体采用的评估手段及其类型可能相同;但用于解决不同的问题或同一问题的不同方面时所产生的外显效果可能存在差异。在高等教育评估实践中,政府类、学校类、社会类主体群体基于评估方法构想采取相应的评估手段,不同评估手段或同类评估手段作用于相同评估问题时产生不同效能,不同的效能聚合形成评估问题的解决效果以及评估手段的整体效能。有鉴于此,在政府类、学校类、社会类主体群体共同参与的高等教育复杂性评估问题解决中,评估手段功能联结程度直接影响评估问题解决的整体效果,因而成为衡量评估模式品质的重要指标。

我国政府类、学校类、社会类主体群体评估高等教育采用的评估手段功能联结具有松散性。其主要表现在三个方面:一是评估工具或措施缺少兼容性。政府类、学校类、社会类主体群体间使用的评估标准、数据资源等互相缺乏必要的兼容性;政府类、学校类、社会类主体群体间采用的解决评估问题的具体方案或措施缺乏必要的相通性。二是评估工具或措施功用不一致。政府类、学校类、社会类主体群体采用的评估标准对具体评估问题的解决缺乏必要的同质等效性,部分指标内涵、数据统计规格等对解决具体评估问题缺乏必要的迭代性,采用的数据资源对解决具体评估问题的功能间缺乏必要的互证性或解释性,评估实施方案解决具体评估问题的有效性间缺乏必要的互证性。三是评估工具或措施效能不协和。政府类、学校类、社会类主体群体通过评估具体方法获得的评估结果不能相互印证或比较,数据分析结果间难以同质等效。

三、资源技术孤岛化

评估资源技术是高等教育评估模式解决遭遇的评估问题的条件要素,而且随着信息化发展和大数据时代的到来,评估资源技术已经成为高等教育评估解决评估问题的核心竞争要素,进而成为评估模式的核心组件。在高等教育评估实践中,评估模式使用的主要资源技术至少涉及三类:第一类是信息技术在评估中应用以及由此带来的评估组织构架、评估工作模式、评估信息呈现方式的转变,如信息化技术推动评估组织者、评估专家、被评估对象交流方式和工具平台的变化等。第二类是数据信息分析和虚拟成像技术。如数据算法、评估结果信息化展示和模拟技术等。第三类是评估数据与信息资源。其包括评估中采集或收集的关于评估对象的数据与信息;评估专家信息资源,包括评估实施中培养或确定的具有评估专业技术能力的评估专家,其中涉及高校专家、行业企业专家、具有特殊才能的专家等。在我国高等教育评估实践中,政府类、学校类、社会类主体群体使用的评估资源技术水平高低差异性大,既有的评估资源技术孤岛现象明显。

(一)评估数据资源孤岛化

评估数据资源孤岛化主要指政府类、学校类、社会类主体群体在评估过程中集聚的数据资源在高等教育评估体系中相互隔离、互不流通,从而影响数据资源的有效利用和价值发挥。这种评估数据资源孤岛化发生在不同层面的评估实践中。在宏观层面,政府类、学校类、社会类主体群体之间的评估资源孤岛化。如政府类主体群体掌握的反映区域高等教育状态的数据资源仅在政府类主体群体评估实践中被允许使用;学校类主体群体掌握的反映本校办学实践活动真实状态的"流水数据"仅在学校内部使用,并不向政府类和社会类主体群体公开;社会类主体群体积聚的反映高校办学质量的数据资源也不向政府类、学校类主体群体公开。在中观层面,各类主体群体内部数据资源孤岛化也不同程度存在。政府类主体群体中区域之间高等教育数据资源孤岛化明显,除各自公开的数据外,具体省份的高等教育数据难以在省际流通共享,即使国家层面建立的高等教育数据库也是有限制地分享省际数据。此外,同级政府层面建立的高等教育数据资源也存在互通的"壁垒"。学校类主体群体办学实践"流水数据"局限于校内使用,通常不在校际共享。社会类主体群体中,不同评估机构或组织建立的评估数据资源库一般不在评估机构或组织间流通使用。评估数据的孤岛化导致评估数据利用率低,评估数据中蕴含的有价值信息难以有效挖掘,同时数据信息反复采集提高了评估主体群体实践成本或增加了高校评估负担。

(二)评估信息资源孤岛化

评估信息资源主要指政府类、学校类、社会类主体群体获得的,反映高等教育发展相关事物的运行状态和变化,以及高等教育内部之间或高等教育内外部相关事物相互作用和变化的实质内容。从广义上讲,评估数据资源属于一种特殊的信息资源,其可以看作可量化的信息资源。但鉴于评估数据资源在高等教育评估实践中的重要性(其在前面已单独探讨过),所以这里所指的评估信息资源,主要指难以被量化的信息资源,甚至难以被言表或客观化的信息资源。高等教育评估信息资源孤岛化现象明显,其主要体现在三个方面:一是专业性资讯孤岛化现象。政府类主体群体在评估实践中掌握的评估专业性资讯,尤其评估专家掌握的评估思维或经验等专业自主性资讯难以跟学校类和社会类主体群体共享。二是利益性资讯孤岛化现象。学校类主体群体在办学实践中产生的反映高校办学实践瓶颈或弱项的资讯信息不跟政府类和社会类主体群体共享,同时办学实践中教师专业能力资源、学校文化资源等隐性的、潜在的资源信息不跟政府类和社会类主体群体共享。三是条件性资讯孤岛化现象。社会类主体群体在评估实践中掌握的反映社会生产建设管理实践需求的资讯信息不与政府类和学校类主体群体共享。从评估信息资源孤岛化的本质来看,评估信息资源孤岛化是评估信息资源价值私有化和利益化的表现,其深层动力是评估信息乃各类主体群体核心竞争力的重要构成,以及评估主体创新评估意义或产生评估成果的核心构件。

(三)评估信息技术孤岛化

评估信息技术是管理和处理高等教育评估信息数据的各种技术的总称,其在评估模式中表现为使用计算机科学技术设计、开发和应用的各类信息系统或应用软件。评估信息技术是现代高等教育评估实践不可缺少的要素,并在各类主体群体实践中占有越来越重要的地位和发挥着越来越重要的作用。评估信息技术孤岛化现象表现在两个维度。维度一:高等教育评估实践领域内外信息技术孤岛化。先进的计算机科学技术成果不被高等教育评估实践吸纳,导致先进的信息技术难以转化为高等教育评估信息化能力,因此高等教育评估领域信息技术相对外部信息技术而言较为滞后。在现有高等教育评估实践中,高水平的社会类主体群体对先进信息技术的转化和利用情况优于政府类、学校类主体群体对信息技术的转化和利用。维度二:不同类型主体群体间信息技术孤岛化。政府类主体群体开发的评估信息化平台如评估专家工作平台或评估管理平台不被学校类和社会类主体群体利用;学校类主体群体开发的评估信息化平台也不被政府类和社会类主体群体利用;社会类主体群体开发的评估信息化平台也不被政府类和学校类主体群体利用。这种不被利用主要表现在非完全开放、非共享性或非连通性,从而导致一种实质的物理性隔断。评估信息技术孤岛化已成为高等教育评估模式实现转型升级、实现智能化的最大障碍,并严重影响政府类、学校类、社会类主体群体的评估实践效率和质量。

四、实作过程自在化

评估实作过程是高等教育评估模式运用方法手段和技术资源解决评估遭遇的具体问题的实践过程,是评估模式付诸实践的活动过程。评估方法手段、技术资源等通过评估实作过程发挥作用,实现评估问题解决。评估实作过程在实践中表现为评估实践步骤,即政府类、学校类、社会类主体群体解决具体评估问题的多个阶段或环节。在多类主体群体参与的高等教育评估实践中,评估实作过程的考察至少涉及三个基本维度:一是不同类型主体群体评估环节的正当性;二是不同类型主体群体评估环节流程的合理性;三是不同类型主体群体评估实作过程的相关性。通过分析各类主体群体评估实作过程在三个维度的表现,有助于厘清高等教育评估实作过程在未来面临的挑战和变革方向。从各类主体群体的评估实作过程来看,我国高等教育评估模式的实作过程具有自在性。所谓自在性,主要指各类主体群体按照自认为科学的实践步骤开展评估工作,其从本类主体群体出发的内在差别和理想性实作过程未被自身合理设定和充分研究。各类主体群体评估实作过程自在性的显现过程即为自在化,其主要表现在下列三个方面。

(一)局部评估环节正当性欠缺

评估环节正当性属于评估实作过程的伦理范畴,其主要指评估主体评估模式设定的评估环节及其操作的合理性和有效性。评估模式中评估环节作为解决评估问题的具体步骤,体现了评估主体群体评估的理念和思路,直接决定了评估模式解决评估问题的效果。衡量评估环节正当性主要通过三个方面:一是评估环节本身的合理性和规范性,即评估环节在整个评估流程中的功用性,以及评估环节行动的规范性;二是评估环节对评估对象的适切性与有效性,即评估环节行动方式适应评估对象程度,以及评估环节行动方式对评估对象问题解决的实用度;三是评估环节同评估主体群体关系的合理性与有效性,即评估主体群体执行的评估环节同其他类型主体群体针对同一评估对象实施的评估环节的关系协和度和问题解决的实用度。

从当前我国高等教育评估实践来看,不同类型主体群体局部评估环节正当性欠缺。首先,部分评估环节本身合理性欠缺。政府类主体群体将自评自建和结论审议等纳入评估规定环节,使评估环节略显冗繁,现场考察内容全而细,试图通过评估项目发现和解决高校办学所有问题,导致评估重点反而不突出。学校类主体群体或将政府类主体群体评估流程直接作为校本评估流程,或将政府类评估标准直接作为校本评估标准,其本身失去了学校自我评估的身份角色特征和功能设定。社会类主体群体忽略高校数据的客观性查证或求证,以及数据采集规格的可比性,直接进行比较性评估,其不符合评估行为的科学性要求。其次,评估环节对评估对象的适切性欠缺。社会类主体群体在大学综合性排名评估中,将收集的关键性指标数据作为判断大学排名依据,但在发布环节未对评价结果的缺陷及使用范围做声明,其不符合大学实际表现。学校类主体群体以第三方评估代替高校自我评估,其失去了高校自我评估环节功能性设定。政府类主体群体专家评估环节用同行专业性标准判断评估对象办学规范性或质量水平,其不符合高效办学自主权和平等对话功能性设定;政府类主体群体整改环节仅强化高校办学职责,忽视政府部门相关政策支持环节,其不符合高校办学制度生态实际。最后,不同类型主体群体评估环节间不融洽。政府类主体群体采用的数据统计规格同社会类主体群体采用的数据统计规格不完全一致;学校类主体群体内部监控数据统计规格同政府类主体群体采用的数据统计规格不完全一致;社会类主体群体同政府类主体群体在质量评判标准的价值取向上不完全一致。

(二)评估流程合理性失度

评估流程合理性属于评估实作过程的环节与环节之间的伦理范畴,其主要指在政府类、学校类或社会类主体群体评估实作过程中,各评估环节之间关系或联结的有效性。在评估实践中,具体评估实作过程由若干评估环节构成,各评估环节之间存在继起关系,即前序评估环节是后续评估环节的"因",后续评估环节是前序评估环节的"果",若干评估环节之间形成"因—果"链。基于这种因果关系,考察评估流程合理性主要涉及两项指标:一是前因与后果的关系链的完备性和简要性,即政府类、学校类或社会类主体群体评估实作过程中的评估环节之间是否有因必有果、有果必问因,以及因果不重复;二是前因与后果关系链的关联度,即政府类、学校类、社会类主体群体评估实作过程的前因环节是否必然产生后果环节,或后果环节是否必然由前因环节产生。

从当前我国高等教育评估实践来看,政府类、学校类、社会类主体群体在评估流程合理性的两项指标上均有不同程度失度。一方面,前因—后果链存在缺项或重项。缺项如社会类主体群体开展的高校或专业排名评价对来源不确定的数据缺乏核查环节,从数据获取和技术性清理环节直接进入数据分析测算环节;评估指标采用缺乏利益主体意见征求环节,直接将项目组设计的评估指标应用于高校对象;评估结果使用缺乏结果应用指导建议或结论使用范围建议环节,评估结果被利益主体无限制使用或超范围使用。学校类主体群体开展的自我评估缺乏标准的校本化环节,直接用政府评估标准或移植校外标准作为学校评估标准。重项如政府类主体群体评估实作过程中在线评审或预审环节同专家现场考察环节材料查证重复开展;学校类主体群体评估实作过程和预评估重复;部分评估项目结论审议与审核环节功能性重叠。另一方面,前因与后果关联度偏弱。社会类主体群体开展的大学或专业排名评价中,评估指标设定不能充分支撑评估结果判定,评估数据获取不能充分证明评估指标达成水平,评估结果呈现不能有效指导高校改进办学。学校类主体群体自主开展的自我评估中,改进效果并非仅由自我评估结果触发,评估指标不能有效支撑自我评估目的,评估查证环节难以有效证实评估指标表现。政府类主体群体开展的评估中,评估结果质量并非仅由学校办学水平引致,还存在诸多政策性供给或社会环境因素;专家查证并不能全息证明评估标准内容;学校自评不能完全有效反映学校实然的办学质量。

(三)实作过程统合性缺位

实作过程统合性属于复杂评估体系中多类主体群体评估行为相互作用的伦理范畴,其主要指政府类、学校类、社会类主体群体之间评估实作环节关系的和合性。在评估实践中,政府类、学校类、社会类主体群体评估实作行为共同作用于同一客观对象,因而存在不同类型主体群体作用高校相同层面或维度结果的一致性,以及不同类型主体群体评估实作环节之间相互呼应、互信与互证行为。从积极方面讲,呼应行为指政府类、学校类、社会类主体群体评估环节存在的互相联系、互相响应、互相照应行为;互信行为意指政府类、学校类、社会类主体群体之间获取或供给的信息数据的相互确信与利用;互证行为指政府类、学校类、社会类主体群体评估环节存在的互相印证、互相举证、互相查证等互联行为。从消极方面讲,呼应行为旨在关切政府类、学校类、社会类主体群体评估环节是否互不关联、互不回应;互信行为旨在关切政府类、学校类、社会类主体群体之间获取或供给的信息数据是否存在相互摒弃与互不认可;互证行为旨在关切政府类、学校类、社会类主体群体之间评估环节是否互相独立、互不关联、互不印证。从另一方面讲,政府类、学校类、社会类主体群体评估环节相互呼应、互信、互证行为的缺失可能导致彼此之间评估环节的重复。

从当前我国高等教育评估实践中多类主体群体评估环节的关系来看,政府类、学校类、社会类主体群体评估环节相互作用存在三个问题:一是政府类主体群体与社会类主体群体评估环节互不呼应。政府类评估数据信息采集不纳入社会类主体发布的数据,评估结果判定不考虑社会类主体群体公开发布的评估结论,评估专家查证不关注社会类主体群体采用的评估指标项,督促整改不关切社会类主体群体提出的建议;社会类主体群体难以获取政府类主体群体采集的数据信息,社会类主体群体指标体系设定也较少考虑社会类主体群体关注的指标体系,社会类主体群体价值取向同政府类主体群体价值取向存在方向上差异。二是政府类主体群体与学校类主体群体评估环节互不信任。政府类主体群体并不直接认可学校类主体提供的数据信息,其设置现场查证和学校举证等环节;政府类主体群体并不确信学校类主体群体的自我改进,而设定回访复查或中期(终期)检查环节;政府类主体群体并不信任学校类主体自评自建能力,而是设置自评自建指导环节。学校类主体群体并不完全依赖政府类主体群体外部评估指导,而是通常采取第三方评估强化学校建设。三是三类主体群体互相印证错位。政府类主体群体强化问题导向,通常对学校自评结果进行证伪;社会类主体群体评估环节与政府类主体群体评估环节时有错位,难以互相印证;学校类主体群体评估环节难以完全印证政府类主体群体评估环节结论;社会类主体群体评估环节与学校类主体群体评估环节取向错位。

第五节 我国高等教育评估模式协和路径

从服务高等教育高质量发展出发,立足评估现代化发展需要,瞄准我国高等教育评估模式实践问题,创新评估模式发展路径,实现各类主体群体评估模式间的协和,提升评估模式推动高等教育高质量发展的整体效能。

一、树立评估模式和合理念

评估模式和合是政府类、学校类、社会类主体群体协同评估高等教育在实作过程方面的结构表征,而评估实作过程既"自为"又"为他"是和合性评估模式的基本理念。一是评估实作过程的"自为"理念。即政府类主体群体重点依据政策法规设立评估标准体系,主要通过管理资源获取评估信息,立足监管目的做出价值判断;学校类主体群体重点根据预设教育服务质量愿景建立评估标准体系,主要通过办学实践过程监控获取评估信息,立足自主办学目的做出价值判断;社会类主体群体重点围绕行业产业发展需求建立评估标准体系,主要从行业产业领域和教育领域等获取评估信息,立足服务行业产业发展目的做出价值判断。二是评估实作过程的"为他"理念。主要表现在四个方面:评估标准体系互融共存状态,即政府类、学校类、社会类主体群体评估实作彼此保持异类标准的可衔接性和同类标准的非排斥性;评估信息互联共享状态,即政府类、学校类、社会类主体群体各自拥有的信息资源保持着相关信息的互联和独有信息的共享;价值分析判断互涉共鸣状态,即政府类、学校类、社会类主体群体彼此持有的独有价值尺度相互促成,持有的同类价值尺度内在统一;评估结果运用的互补共促状态,即政府类主体群体评估高等教育的结果弥补学校类和社会类主体群体评估之不足,学校类主体群体评估高等教育的结果弥补政府类和社会类主体群体评估之不足,社会类主体群体评估高等教育的结果弥补政府类和学校类主体群体评估之不足,从而呈现评估结果之间的相互补位与印证。

二、实现评估问题结构整合

评估模式是解决评估问题的系统化实践方式,评估问题是其产生和形成的理论与实践逻辑起点。创新多元主体评估模式以及评估模式间的协和关系,就必须回到评估模式的理论与实践逻辑起点,以多类主体群体面临的评估问题为突破口,优化各类主体群体之间评估问题的结构布局,实现多元主体群体评估问题的有效整合。

(一)明确评估问题主体归属

评估问题主体归属就是要追问评估问题究竟是"谁的问题"。这就涉及评估问题的主体身份角色问题。众所周知,评估问题是评估主体在现实的评估情境中遭遇并意识到的困境、难题或议题,是评估主体从自身经验出发主观建构的。因此,评估问题既具有主观性又具有客观性,是评估主体对客观评估境遇的主观反映,即评估问题的产生既源自客观评估境遇又源自评估主体主观意识。在高等教育评估实践中,同时代政府类、学校类、社会类主体群体面临的高等教育评估境遇基本统一,评估问题的差异则主要源自不同类型评估主体群体主观意识的差异。就此而言,同一时期不同类型主体群体意识到的评估问题取决于评估主体群体。在实践中,不同主体群体意识到的评估问题可能不同,同一类型主体群体意识到的评估问题更具有多元性,因此评估问题在同类主体群体中统一也就显得至关重要。这种统一既意指同类主体群体评估问题本身的统一,又意指评估主体群体提出评估问题的合法性。在高等教育评估实践中,评估主体在评估情境中遭遇的评估问题可能有多种,但究竟何种问题可以作为本类评估主体需要解决的问题,其是评估主体需要抉择的关键问题。此问题则回到评估模式的本源性问题上,即评估问题的主体归属问题。

在多类主体群体参与的高等教育评估语境中,政府类、学校类、社会类主体群体意识到的评估问题既有同类型的又有不同类型的。从不同类型主体群体在高等教育评估实践中各司其职、各显其能视角出发,不同类型主体群体识别评估问题的基本准则就是根据自身身份角色来确定的。尽管不同类型主体群体遇到的问题可能存在多元性,但是评估主体群体的身份角色具有确定性,其是判断不同类型主体群体评估模式指向的评估问题合理性的基本标准。从这种意义上讲,政府类主体群体需要从监管者视角提出评估应该解决的管理型问题,并将其作为评估模式创构的实践逻辑起点;学校类主体群体需从办学者和质量生成者视角提出评估应该解决的办学型问题;社会类主体群体需要从高校办学成果消费者和质量观察者视角,提出评估应该解决的服务型问题。

(二)理清评估问题内在逻辑

同类主体群体从自身身份角色意识到的评估问题具有片面性或局限性,其需要同其他类型主体群体的评估问题发生联系,形成共同反映高等教育评估实践的评估问题系统。不同类型主体群体评估问题相互联系的基础则是高等教育实践本身的整体性。高等教育实践或高校办学实践作为一个整体，其构成部分之间或其属性之间存在必然的联系，或其本身就具有相互依存关系。各类主体群体提出的评估问题，作为从自身出发对高等教育实践或高校办学实践的不同领域或属性的主观反映，其之间的联系必然依随高等教育实践或高校办学实践不同领域或属性间的联系。从这一点讲，不同类型主体群体评估问题间联系的本质是高等教育实践或高校办学实践的内在要素联系。从评估问题对高等教育或高校办学实践的有效反映来讲，在认识层面提出的评估问题间的关系应反映高等教育或高校办学实践内部结构或内部属性的客观关系。这种客观关系在评估问题系统中则体现为不同类型主体群体评估问题间的逻辑关系。因此，在多类主体群体参与的复杂评估实践中，不同类型主体明确评估问题归属仅仅在空间上实现评估问题的主体性分化，而分化后的评估问题还需要回归应有的逻辑联系，即尊重评估问题内在逻辑。

　　回归不同类型主体群体评估问题间的内在逻辑，就是要使不同类型主体群体提出的评估问题建立客观联系。这种客观联系既是评估问题本身所反映的客观实践之间的本有联系，也是评估问题之间的认识逻辑。建立政府类、学校类、社会类主体群体评估问题的客观联系可以从三个维度实施：一是建立高等教育不同实践领域评估问题间的联结性。政府类、学校类、社会类主体群体在高等教育不同实践领域的评估模式指向的评估问题具有本类主体的专属性，其评估问题的主体归属明显，这就需要三类主体将各评估领域的评估问题联结考虑，而联结的线索则是不同领域评估问题之间的相关性，即各类主体群体评估问题之间的相互影响程度，并在问题界定与解读中相互关切。二是建立高等教育同一实践领域不同维度评估问题的整合性。政府类、学校类、社会类主体群体提出的评估问题可能属于同一高等教育实践领域的问题，但符合各类主体群体身份角色的评估问题通常属于同一高等教育实践领域的不同方面，如管理性问题、办学性问题、服务性问题等，这就需要实现各类问题之间相互联动，保持价值取向的一致性，从而实现不同维度评估问题的有效整合。三是补全不同类型主体群体评估问题间的中介性评估问题。当不同类型主体群体间的评估问题缺少直接联系时，就需要其他问题来实现两类主体群体评估问题间的联系，这类评估问题则属于两类主体群体评估问题的中间性评估问题。中间性评估问题的发现需要各类主体善于关注彼此已经提出的评估问题,寻找高等教育实践领域缺少的评估问题,并根据评估问题同自身身份角色的关联性,适时顺势将其纳入本类主体群体的评估问题体系。补充中间性评估问题的实质是各类主体群体实现评估问题的联结和统合,从而实现评估问题对高等教育实践领域的系统客观反映。

(三)建立评估问题调适机制

高等教育实践是一个不断创新发展的过程,不同时代对政府类、学校类、社会类主体群体在高等教育评估实践中的身份角色要求也处于发展变化中,其到一定阶段也需革除三类主体群体间的旧关系,建立三类主体群体间的新型关系,三类主体群体身份角色的内涵发生变化,也引发不同类型主体群体评估问题间的内在逻辑改变,这就涉及不同类型主体群体间评估问题的调适问题。评估问题调适主要指评估主体对在评估实践中遇到的问题的重新界定和思考,是评估问题的与时俱进以及评估问题主体归属的再变革,使其更加适应高等教育高质量发展和评估主体群体身份角色新变化的过程。评估问题调适涉及两个范畴,即评估问题对高等教育评估实践新形态的反映,以及不同类型主体群体评估问题间的内在逻辑的新路径。评估问题调适的内容涉及三个层面:一是评估问题的迭代更新、除旧立新,即赋予旧评估问题新内涵,去除不适宜当下高等教育的评估问题,提出符合高等教育发展时代要求的新评估问题;二是评估问题主体归属的再分配,即随着政府、高校、社会等新型主体关系的建立,不同类型主体身份角色内涵发生新变化,不同类型主体群体提出的评估问题领域也需重新区划,以实现评估问题与评估主体身份角色的匹配;三是评估问题内在逻辑的再构造,即不同类型主体群体提出的问题之间,以及同类主体群体评估提出的评估问题之间的关系再界定。

创构评估问题调适机制,就是要建立政府类、学校类、社会类主体群体协作工作的组织,共同致力于高等教育评估问题体系调整,使其更加适应高等教育发展需要。一是精准识别评估问题。识别评估问题是评估问题调适的前提。鼓励政府类、学校类、社会类主体群体在评估实践中善于发现新评估问题,消除不合时宜的旧评估问题。二是推动评估问题自觉。评估问题自觉是政府类、学校类、社会类主体群体从自身角色身份出发,反思新评估问题的行为,其关键在于判断新评估问题的价值、属于"谁的问题",以及新评估问题与其他评估问题的关系,从而使新评估问题与其他评估问题建立联系。三是宏观统筹评估问题。提升不同类型主体群体评估问题统筹能力,就是增强评估主体群体把握本类主体群体的问题体系,以及本类主体群体评估问题与其他类型主体群体评估问题的新型关系的能力。在多类主体参与的高等教育评估实践中,各类主体群体不仅需要准确定位本类主体群体的评估问题,也需熟知其他类型主体群体的评估问题,才能处理好不同类型主体群体评估问题间的关系。四是实质关联评估问题。评估问题关联就是评估问题在内涵上相互关切,即不仅仅意识到评估问题间的联系,更要在评估问题内涵分析上对这种联系做出回应。这就要求政府类、学校类、社会类主体群体在调适评估问题过程中,强化不同类型主体群体评估问题间的相互支撑和补位。五是定期评价评估问题。评价评估问题是对政府类、学校类、社会类主体群体评估问题的科学性、有效性以及评估问题主体归属和内在逻辑进行判断的过程,是对评估模式中评估问题的元评估。评估问题调适机制需建立定期评价评估问题的工作制度,引领政府类、学校类、社会类主体群体增强评价评估问题自觉性,实现评估问题整体与时俱进。

三、实现评估方法手段和合共生

评估方法手段作为高等教育评估模式中解决评估问题的思路认识和客观工具或措施,直接关系到评估问题解决的质量。在多类主体群体参与的复杂高等教育评估环境中,不同类型主体群体采用的评估方法手段间的关系既影响各类主体群体提出的评估问题的解决效果,又影响评估方法手段解决评估问题的功效,而不同类型主体群体评估方法手段的整体功能的发挥更有利于评估问题的解决。所以,政府类、学校类、社会类主体群体要在评估模式中有效解决各自的评估问题,就必须采取有效措施实现彼此评估方法手段的和合共生。

(一)优化评估方法系统格局

评估方法系统格局主要指多种评估方法相互联系构成的方法体系。在多类主体群体参与的复杂高等教育评估实践中,评估方法系统格局由政府类、学校类、社会类主体群体评估模式中的评估方法构成。但并非所有的评估方法聚集一体就形成了评估方法系统格局,只有评估方法有机组合在一起才能形成系统格局。评估方法系统格局创建的关键在于不同类型主体群体采用的评估方法解决评估问题的思路与原理既能相通，又能体现主体群体身份角色特征。政府类、学校类、社会类主体群体评估方法系统格局具有三层含意：一是不同类型主体群体评估方法的问题解决思路和原理间相互融通。政府类、学校类、社会类主体群体评估方法解决问题的思想脉络具有一致性，评估方法解决问题的内在逻辑具有统一性，并且彼此支撑、相互论证。二是不同类型主体群体评估方法突出各自身份角色的功能性特征。政府类主体群体评估方法体现行政型问题解决思路；学校类主体群体评估方法体现学术型问题解决思路；社会类主体群体评估方法体现服务型问题解决思路。三是不同类型主体群体评估方法彼此相联。政府类主体群体评估方法解决问题思路统筹考虑学校类和社会类主体群体问题解决思路；学校类主体群体评估方法解决问题思路统筹考虑政府类和社会类主体群体问题解决思路；社会类主体群体评估方法解决问题思路通常考虑政府类和学校类主体群体问题解决思路。

优化评估方法系统格局需要循序渐进实施。一是认同本类主体群体评估方法解决问题的思路与原理。政府类、学校类、社会类主体群体需反思本类主体群体评估方法解决问题的思路与原理，并在意识上坚信这种问题解决思路与原理的有效性，使其成为本类主体群体思考解决评估问题的理念或指导思想。二是相互熟悉对方评估方法解决问题的思路与原理。政府类、学校类、社会类主体群体探寻彼此评估方法解决问题的思路与原理，并从本类主体群体解决问题的思路与原理出发，理解或解读其他两类主体群体评估方法解决问题的思路与原理。三是相互比较彼此评估方法解决问题的思路与原理。政府类、学校类、社会类主体群体在比较彼此评估方法解决问题的思路与原理基础上，将本类主体群体评估方法解决问题的思路与原理同其他类型主体群体解决问题的思路与原理区别开来，即理解不同类型主体群体评估方法解决问题的思路与原理的同质性和异质性，从而确认本类主体群体评估方法解决问题的思路与原理的专有性，并在此过程中关切其他主体群体解决问题的思路与原理的特殊性。四是不同类型主体群体评估方法解决问题的思路与原理实现美美与共。政府类、学校类、社会类主体群体彼此尊重对方评估方法解决问题的思路与原理的专有性或特殊性，并实现共同性发展。

(二)实现评估手段功能协同共生

各类评估主体群体评估方法确定后,需要采用专业性评估工具和工作措施来践行评估思路和原理,实现评估问题的解决。从这种意义上讲,评估手段功能协同共生,其实质是评估主体使用的评估工具和措施相互协和、互相促进、相互依存。评估工具功能的相互协和主要体现在政府类、学校类、社会类主体群体采用的评估标准、访谈提纲、数据采集工具等相互兼容和补充。评估工具功能的相互促进体现在政府类、学校类、社会类主体群体使用的评估标准被独立使用可解决具体评估问题,被联合使用可解决更加复杂的评估问题,彼此能够增强对方评估标准解决评估问题的功效。评估工具功能相互依存体现在政府类、学校类、社会类主体群体评估工具功能有弥补对方评估工具功能缺项的功效,即一方面评估工具功能是另一方评估工具功能发挥的外在条件。评估措施功能的相互协和体现在不同类型主体群体实施的评估手段解决评估问题的方案相互融通或补充;评估措施功能的相互促进指不同类型主体群体实施的评估方案解决评估问题相互推动对方问题解决方案的更好实施,实现任何一方单一问题解决方案都难以达到的功能水平;评估措施功能的相互依存则是不同类型主体群体解决问题的具体方案彼此需要、有机结合。

实现评估手段功能协同共生需要政府类、学校类、社会类主体群体齐心协力、共同实施。第一,各类主体群体评估手段体现本类主体群体评估方法思路与原理。政府类主体群体评估标准、访谈提纲、数据采集工具等要体现行政型问题的解决思路与原理;学校类主体群体评估标准、访谈提纲、数据采集工具等要体现学术型问题解决的思路与原理;社会类主体群体评估标准、访谈提纲、数据采集工具等要体现服务型问题解决的思路与原理。第二,各类主体群体评估手段主动实现彼此对接和相通。政府类、学校类、社会类主体群体在评估标准内容、评估概念使用、评估数据采集规格等方面彼此成为对方的依据,使其评估标准内容对接、评估概念同质、评估数据采集规格统一。第三,各类主体群体评估手段彼此实现补位。政府类、学校类、社会类主体群体在评估标准内容上相互补充,在评估概念使用上相互支撑,在评估数据采集工具方面利用己方优势为对方提供关键数据。第四,各类主体群体评估手段彼此实现合作共生。使政府类、学校类、社会类主体群体评估标准联合一体,形成更高水平的评估标准系统;使三类主体群体使用概念聚合一起,形成更加完备的评估概念体系;使三类主体群体使用的数据采集工具集成一体,形成更加强大的数据采集功能。第五,各类主体群体评估手段彼此实现共同优化。政府类、学校类、社会类主体群体评估标准、评估概念、评估数据采集工具等为彼此评估手段的优化提供学习案例和思想源泉,推动各类主体群体评估标准、评估概念系统、评估数据采集工具迭代升级。

四、推动评估资源技术共建共享

评估资源技术作为高等教育评估模式的核心条件要素,是体现高等教育评估模式专业性和实践性的重要因素。推动各类主体群体评估资源技术共建共享是整合多类主体群体评估创新能力与优势资源,提升各类主体群体评估模式现代化水平和增强评估模式效能的重要路径,更是解决评估资源技术孤岛化和离散化的必要举措。

(一)建立评估数据资源互联互通机制

评估数据资源互联互通是提升政府类、学校类、社会类主体群体评估数据价值、增强评估数据解释力、降低评估实践成本的必然选择。评估数据互联就是要建立数据之间的联结通道,实现政府类、学校类、社会类主体群体拥有的反映高等教育状态和社会各领域生产建设管理实践一线需求状态的数据相互映射。评估数据资源互通就是实现评估数据间的流动和交换,是评估数据资源在联结通道上流动的过程。评估数据资源互联是评估数据资源互通的物理属性,评估数据互通是评估数据互联的功能属性。在多类主体群体参与的复杂高等教育评估实践中,各类主体群体评估数据互联互通就是要建立政府类、学校类、社会类主体群体数据资源交换机制,实现政府类主体群体的管理类数据、学校类主体群体的办学类数据、社会类主体群体的生产建设实践类数据等的集成,从而构成高等教育评估大数据。

政府类、学校类、社会类主体群体要形成评估数据资源互联互通机制,就需要三类主体群体协同合作、共建共享。一是建立评估技术资源互联互通组织。成立政府类、学校类、社会类主体群体评估数据资源联盟或组织,搭建三类主体群体评估数据资源交换联系机制和工作平台。二是建立评估数据资源互联互通制度。三类主体群体通过协商建立评估数据资源共享的联盟章程或组织规程,立足有利于三类主体群体各自开展评估实践的需要,确立评估数据资源共享范围和内容。三是统一不同类型主体群体评估数据采集规格。共商不同类型主体群体评估数据采集规格,实现不同类型主体群体评估数据采集标准化,增强评估数据通用性和可联结性。四是建立评估数据使用制度。三类主体群体通过协商共同形成评估数据使用规范,确立评估数据使用范围和用途,强化共享数据资源的管理和维护。五是建立评估数据安全管理制度。三类主体群体协商建立数据安全管理制度,明确数据安全管理责任,建成数据联结与使用的保密机制。

(二)建立评估信息资源共建共享平台

评估信息资源共建共享是提升三类主体群体评估信息全息度,增强三类主体群体评估行为理解力和认同度,实现三类主体评估信息同质等效的基本路径。评估信息资源共建就是汇聚政府类、学校类、社会类主体群体在专业性实践中获取的高等教育相关资讯,强化高等教育信息资源集聚与统整,实现高等教育信息资源全方位、全过程、立体化反映高等教育办学质量。评估信息资源共享就是要推动政府类主体群体的评估专业性资讯、学校类主体群体的利益性资讯、社会类主体群体的服务性资讯的交换与流动,实现不同类型主体群体掌握评估信息资源的完整性。评估信息资源共建是评估信息资源共享的基础和前提,评估信息资源共享是评估信息资源共建的动力和目的。

要形成评估信息资源共建共享平台,政府类、学校类、社会类主体群体就需要充分利用本类主体群体的优势资源,积极协同互助。一是建立评估信息资源共建组织。评估信息资源共建组织是评估信息资源共建的主体联盟。评估信息资源建设主体联盟至少包括教育行政部门、评估专家、高校主体、用人单位主体、校企合作单位主体、学生实践主体等的代表,建立信息资源共建主体联盟的活动机制和章程,确保联盟组织有效运行。二是建立评估信息资源共建规则。建立评估信息资源标准化术语体系,严格评估信息资源术语界定,确保评估信息资源概念的规范性使用;明确政府类、学校类、社会类主体群体在专业性资讯、利益性资讯、服务性资讯等方面的建设范围和任务,实现信息资源建设的协作与和合;统一规划评估信息资源采集规格和时间范围。三是建立评估信息资源使用制度。三类主体群体协商形成专业性资讯、利益性资讯、服务性资讯使用规则,确立不同类型主体群体评估信息资源使用的范围、用途和权限,提供评估信息资源使用方式,规范评估信息资源使用程序,维护评估信息资源使用秩序和利益平衡。四是建立评估信息资源安全管理制度。强化多类主体群体评估信息资源安全管理责任,建立评估信息资源"责权利"对等价值,强化共同维护评估信息资源安全的意识和理念,发挥评估信息资源的积极功效。

(三)建立评估信息技术兼容互联机制

评估信息技术作为评估数据资源和信息资源共建共享的信息化工具,是高等教育评估数据和信息数字化的核心保障。评估信息技术兼容是指多类主体群体使用的各类信息系统或应用软件系统,从一类主体群体使用环境转移到另一类主体群体使用环境仍能良性运行。评估信息技术兼容是政府类、学校类、社会类主体群体评估信息技术的重要属性,是衡量各类主体群体评估信息技术水平的重要指标。评估信息技术互联则是不同类型主体群体评估信息技术能相互实现数据与信息的存储、处理、传输和应用。评估信息技术兼容互联为政府类、学校类、社会类主体群体评估数据信息资源共享提供了软硬件基础,也是各类主体之间打破数据信息资源孤岛和信息技术孤岛的关键环节。

评估信息技术兼容互联程度既与客观技术有关,又与主观人文制度有关。建立评估信息技术兼容互联机制需要从客观技术和主观制度方面共同施为。一是各类主体群体间建立评估信息技术开发联系机制。政府类、学校类、社会类主体群体需围绕评估信息技术开发建立相应组织,负责交流和协调各类主体群体评估信息技术开发工作。建立评估信息技术开发联系制度,确保评估信息技术开发市场规范运行。二是建立评估信息技术开发技术性规范。形成高等教育评估信息技术开发标准化手册,对政府类、学校类、社会类评估信息技术开发的工作规范、技术性指标、功能性要求等进行规范,强化重要核心技术的技术性指标的一致性、兼容互联功能的通用性;强化前沿信息技术在评估信息技术开发中的应用和推广,推动评估信息技术与其他领域信息技术的接轨。三是建立评估信息技术互联管理制度。强化评估信息技术互联制度设计,构建政府类、学校类、社会类主体群体评估信息技术的互联规则,畅通不同类型主体群体评估信息技术在存储、处理、传输和应用方面的便捷路径;建立评估信息技术互联增值意识和理念,提升评估信息技术平台开放程度,提升不同类型主体群体评估信息技术互联的智能化水平。

五、创构实作过程联动机制

实作过程作为评估主体群体运用评估方法手段、整合评估资源技术来解决实际评估问题的过程,是高等教育评估模式的行动体现。实作过程联动则是多类主体群体破除评估行动自在自为、各自为政局面,实现评估行动凝智聚力、协同施为,达成评估问题更优解决的必然路径。创构实作过程联动机制,就是通过高等教育评估机制创新,驱动各类主体群体内部与各类主体群体之间实作过程形成协同发展的长效机制。

(一)创构评估环节伦理审核机制

评估环节伦理审核是保证评估环节正当性,提升评估环节合理性、规范性、适切性和有效性的专业性评估实践,其亦可称为评估环节元评估机制。评估环节伦理要回答"什么是评估环节的'善'"和"怎样的评估环节是'善'的"的问题。评估环节伦理审核则是将确立的评估环节的"善"之标准或判断标准应用于评估环节伦理的判断过程。所谓"什么是评估环节的'善'",其就是要确立正当的评估环节的衡量标准,即正当的评估环节的属性或表征。在多类主体群体参与的复杂高等教育评估实践中,判断政府类、学校类、社会类主体群体评估环节正当属性或特征的具体标准既有相通性又有差异性。其中,相通性取决于评估环节的共性,差异性取决于评估主体的身份角色。

正当的评估环节需符合四个通用标准,即"理性""规范""适切""有效"。所谓理性,就是指评估主体群体设置的评估环节具有科学依据或证据,符合评估实践内在规律,体现了评估环节的"真"。所谓规范,就是指评估主体群体设置的评估环节遵循评估环节的"真"的要求,符合行业标准,并能模范化执行。所谓适切,就是指评估主体群体设置的评估环节适应具体评估对象或问题特征,具有个体针对性和契合性。所谓有效,就是指评估主体群体设置的评估环节能真正解决评估问题。正当评估环节还需符合差异性标准。所谓差异性标准是指评估环节解决评估问题所处的具体情境不同,评估环节在选择和实施上就需因时因地因势发生改变。政府类主体群体评估环节需体现管理属性,符合管理逻辑和规范;学校类主体群体评估环节需体现自主办学责任,符合办学规律和教育教学规律;社会类主体群体评估环节需体现服务生产建设管理实践一线主体需求,符合市场规律和逻辑。

创构评估环节伦理审核机制需要关注五个方面:一是建立评估环节伦理规范。政府类、学校类、社会类主体群体协同将正当评估环节的通用标准和差异标准转化为行业规范标准,实现对正当评估环节的理性认识的实践转化。二是建立评估环节伦理审核组织。组建多元主体共同参与的评估环节伦理审核组织,组织成员应包括教育专家、评估专家、政府部门代表、行业代表、高校行政人员代表、学生代表以及其他利益主体,发展伦理审核共同体。三是建立评估环节伦理审核制度。确立对政府类、学校类、社会类主体群体评估环节伦理审核的范围、周期、方式和结果运用,定期开展评估环节伦理审核实践。四是强化评估伦理审核结果应用。针对政府类、学校类、社会类主体群体评估环节存在的具体伦理问题,建立督促整改机制和复核机制。五是强化专家指导和智库支持。建立评估环节伦理审核专家库,加强评估伦理问题研究,发挥专家专业引领作用。

(二)建立评估流程协同化元评估机制

评估流程作为评估模式的评估环节系统化体现,是评估模式结构和功能的行动方式。具体评估模式的正当评估环节,以及评估环节与评估环节之间的正当关系是有效评估模式的充分条件。因此,要建立有效的评估模式,就必须破解评估流程合理性失度的诟病,创构评估环节之间的正当关系。从多类主体群体参与的复杂高等教育评估实践来看,要创构评估环节之间的正当关系,就需要政府类、学校类、社会类主体群体共同建立协同化元评估机制,破解现有评估环节关系的缺项或重项、关联度偏弱等问题。

所谓评估流程元评估,就是对评估流程的认知、评价和改进。其中,认知评估流程是基础,评价评估流程是手段,改进评估流程是目的。认知评估流程就是要对各类主体群体实施的评估流程进行分析和研究,描述评估流程的环节及其环节间的"因—果"关系,分析"因—果"关系的科学性和内在联系,提出评估环节关系的内在规律和事实。评价评估流程就是要对评估环节间关系的正当性做出价值判断,厘清评估环节间关系对评估问题解决的有效性,查找评估环节间关系诟病存在的原因,并寻求科学依据提出矫正评估环节间关系的有效路径。改进评估流程就是要将评价结果用于优化评估环节间关系,实现各个正当评估环节之间的有效联结或整合,使评估环节的单体功能整合成为系统功能,以更好解决评估遇到的问题。

各类主体群体协同开展评估流程元评估是其有效实施的条件。各类主体群体协同开展元评估就是各类主体群体从不同的身份角色出发、基于不同视角审视彼此评估流程设定,分析评估环节间关系的正当性。这个过程是不同类型主体群体评估经验和立场观点的协商过程,有利于从不同的价值观和方法论视角分析同一评估流程的"因—果"关系链,其既能增强不同类型主体群体评估流程的相互理解,又能提高不同类型主体群体评估流程的互认与互信,为不同类型主体群体评估模式协同奠定基础。

构建协同的评估流程元评估机制可以采取四种策略。一是建立评估内审机制。由政府类、学校类、社会类主体群体各自开展评估流程正当性的自我评价,反思评估环节间"因—果"关系的完备性、简要性和逻辑性,并提供内审报告。二是建立协同审核组织。协同审核组织应由参评对象、评估专家、政府部门人员、社会行业产业人员以及其他利益主体代表等构成,其职责在于审议各类主体群体评估流程内审报告,聚焦其评估环节间"因—果"关系链的完备性、简要性和逻辑性,评价评估主体群体内审报告的客观性和科学性,指导评估主体群体评估流程内审过程。三是建立协同工作机制。确立政府类、学校类、社会类主体群体共同参与的审核组织机制、职责分工、标准体系、范围区划、操作方式、结果反馈与应用要求,并取得各类主体群体的认同,形成评估领域的制度文化。四是协同推进评估流程评估结果运用。政府类、学校类、社会类主体群体协同将评估流程评估结果应用于改进评估流程,建立行业自律机制和社会监督机制,推动各类主体群体自主改进评估流程,并将改进结果作为评估主体信誉度的重要评判指标,以及作为各类主体群体评估实践活动信效度的主要衡量标准。

(三)建立多类主体实作过程协和机制

多类主体群体实作过程协和需不同类型主体群体评估环节间相互协作,实现不同评估环节流程间的和合结构,其是不同类型主体群体评估模式协同的最终体现。多类主体群体实作过程协和就是统合不同类型主体群体实作过程,使多类主体群体间评估实作环节功效相互呼应、支撑和印证,其是解决政府类、学校类、社会类主体群体实作过程缺乏统合问题的必然路径。实现多类主体群体实作过程协和,需要政府类、学校类、社会类主体群体在评估流程元评估基础上,建立不同类型主体群体评估环节间的联系,以及不同类型主体群体评估流程间的联系。这种联系主要体现在四个方面:一是不同类型主体群体采用的评估环节间相互关联、相互回应;二是不同类型主体群体间获取的信息数据相互得到认可和采纳,不重复采集评估信息数据;三是不同类型主体群体评估环节间相互依存与和合共生,实现相互印证;四是不同类型主体群体评估模式体现的评估流程间相互补充和契合,在解决评估问题方面实现殊途同归和同质等效的目标。

创建多类主体群体实作过程协和机制需要政府类、学校类、社会类主体群体立足本类主体群体身份角色,强化本类主体评估过程的特色与优势,形成不同类型主体群体间交流互动、理解互认的长效机制。构建多类主体群体实作过程协和机制的路径至少包括:一是通过"条件共建"实现三类主体群体评估支持条件和合共生。政府类、学校类、社会类主体群体共建多领域人才共同参与的评估专家库,联合实施有助于实现评估目的共赢、评估问题共抓、评估范畴共晓、评估方法共用的多层次和多维度评估专家培训。以问题为导向,彼此参与对方的评估项目标准研制,共同建立能够有效反映各类主体身份角色特征的评估项目标准体系。以协同评估理念和内容为指导,合作开发可供各方主体群体使用的评估工具体系。协商建立各方认同、共同使用和遵守的评估工作标准化制度。二是通过"资源共享"实现三类主体群体评估信息和合共生。政府类、学校类、社会类主体群体基于本类主体群体评估目的、主体职责和评估范畴,合理规划、实时共享和优化自主评估流程。围绕各自评估规划、评估设计和评估过程,适时共享政府类主体群体监管信息、学校类主体群体办学信息、社会类主体群体观察信息和社会生产建设管理实践发展信息;及时共享自主评估项目评估流程和结果,加强前后评估项目及其评估流程的关联性分析,促进既有评估项目与评估流程相互契合、提质增效。三是通过"实作联动"实现三类主体群体评估行为和合共生。政府类、学校类、社会类主体群体互相尊重并认同彼此评估项目持有的评估理念,并在评估中相互响应、求同存异和异趣相合。促进政府管理标准、高校自主办学标准和社会行业产业标准互相嵌入彼此的评估标准。

合理响应彼此评估旨趣,互相聘用对方领域专家,跨领域搭建评估专家团队。评估过程关注不同评估主体意见,共同研讨,发挥各类主体群体共同解决评估问题的优势。互相采用关联性评估报告,提高彼此评估项目评估结果使用价值和不同评估项目评估结果信效度。

结束语

高等教育协同评估机制是高等教育评估制度现代化的核心内容,高等教育全方位协同评估机制则是从系统视角出发,立足多类主体群体共同评估高等教育的现实,遵循评估系统内部相互影响、相互作用的过程,从整体上揭示高等教育协同评估机制内在影响规律和现实实践制约,进而在深层次上提出有效创构高等教育协同评估机制的方略。探索高等教育全方位协同评估机制创新,旨在为我国高等教育构建政府、学校、社会新型关系从理性自觉走向实践提供智慧,使我国高等教育治理体系和能力现代化不断走向深入,并形成具有中国特色的高等教育评估制度文化。

创建高等教育全方位协同评估机制的关键是处理好政府类、学校类、社会类主体群体的评估效用协同关系、评估主体共同体关系、评估范畴整合关系、评估模式协和关系。这需要从关系论视角,按照产出导向逻辑,创生高等教育评估效用、评估主体、评估范畴、评估模式间的有效作用机制。从本源上看,评估效用是高等教育评估机制的"目的因",评估主体是高等教育评估机制的"动力因",评估范畴是高等教育评估机制的"质料因",评估模式是高等教育评估机制的"形式因"。目的因、动力因、质料因、形式因共同构成高等教育评估机制的生动实践。因此,要实现政府类、学校类、社会类主体群体在高等教育评估事务上协同,就需要从高等教育评估机制的全因素入手,畅通各因素间的协同,实现各因素内在协同,从而达成高等教育评估机制整体协同。

创新高等教育全方位协同评估机制不能仅靠主体自觉,其还需要法律法规政策支持保障。高等教育政府类、学校类、社会类主体群体在评估事务中自觉协同将经历漫长的发展过程,要使其在短时间内形成就需要通过高等教育评估法律法规政策加强引导。这就需要政府层面将政府类、学校类、社会类主体群体协同评估规程纳入《中华人民共和国高等教育法》、评估实施细则、评估工作规程等政策体系设计中,从协同视角规范各类主体群体的评估效用区域、评估主体关系、评估范畴领域、评估模式体系等,强化各类主体群体在诸多因素层面协同的顶层设计。

创新高等教育全方位协同评估机制不能违背发展规律,其需要从多维度入手循序渐进推进。事实上,自新中国成立以来,我国高等教育评估经历了一系列阶段,高等教育在评估效用扩展、评估主体多元化发展、评估范畴深化拓展、评估模式规范创新等方面已取得显著成绩,其都体现了高等教育评估机制发展规律,也为我国创新高等教育全方位协同评估机制奠定了坚实基础。创建全方位协同评估机制需基于高等教育高质量发展这个目标,深入系统分析各类主体群体的评估目的、需求或欲求,引导其从自由探索过渡到自觉反思,强化评估效用设定的自我约束;加强高等教育评估人才队伍建设,提高评估人才队伍专业化水平,增强政府类主体群体评估专业能力,培育壮大社会类评估主体群体并规范其评估市场行为,增强学校类主体群体质量评估意识与能力,从而真正实现各类主体群体立足自身身份角色,发挥各自评估优势资源,提升评估效用质量,实现评估效用高质量协同;统筹规划高等教育评估范畴,实现评估范畴全覆盖,减少不同类型主体群体间评估范畴重复,提高各类主体群体评估范畴质量,从而真正达到高等教育评估减负提质增效的目的。

　　创新高等教育全方位协同评估机制不能仅限于设计制度,其还需要从根源上推动实践改变。强化各类主体群体评估模式互动与联动,建立各类主体群体评估共享数据库、标准库、工具库,创新评估机构资质认证、审核、评估机制;加强评估学科专业建设,强化评估专业人才培养,健全评估人员职前职后一体化培训体系,实行评估人员职业资格认定和专业技术职务评审制度,增强评估人员专业自觉与自律,从而在根源上解决多类主体群体评估模式协和的深层次问题。

　　本书结合实践现状反思了多类主体群体参与高等教育评估的核心因素发展现状,以及多类主体群体围绕核心因素在协同方面面临的问题,提供了多类主体群体在高等教育协同评估核心要素方面的路径选择。在此方面,本书的研究内容仅仅立足于复杂高等教育评估系统的内部机制,但高等教育评估系统所处的更大社会环境,也会以各种路径影响高等教育协同评估机制的创建,因而还需在深化内部影响机制研究的基础上,不断拓展研究领域,探讨外部社会环境对高等教育协同评估机制的影响。本书的有些观点和分析虽有新意,但受研究者本人学识和实践经验的限制,仍有诸多不完善之处,这将成为笔者未来深化评估研究和积极投身于推动评估变革的新起点。

补充文献

[1]教育部高等教育教学评估中心.普通高等学校本科教学工作审核评估工作指南[M].北京:教育科学出版社,2014.

[2]熊庆年,田凌晖,任佳,等.宏观高等教育评估学引论[M].北京:高等教育出版社,2011.

[3]孙崇文,伍伟民,赵慧.中国教育评估史稿[M].北京:高等教育出版社,2010.

[4]刘徐湘.高等教育评估论[M].昆明:云南科技出版社,2008.

[5]李来原,戴从容,魏海峰.我国高等职业教育第三方评估制度的完善思考[J].新西部,2019(26):152-153.

[6]龙宝新.美国师范专业认证工作对构建我国师范专业认证工作框架的启示[J].教师发展研究,2018(02):109-118.

[7]万莉,程慧平,杨伟.高等学校学科评估指标体系构建研究[J].重庆高教研究,2017(01):100-107.

[8]杨倩,王茹,刘宇,等.国内外学科评估指标体系的对比分析研究[J].教育教学论坛,2015(39):69-71.

[9]刘佳."管办评"分离的构建与协同机制研究[J].中国教育学刊,2015(09):47-50,82.

[10]席成孝.我国高等教育质量第三方评估机制探析[J].陕西理工学院学报(社会科学版),2014(04):85-89.

[11]漆玲玲.美国高等教育质量第三方评估模式及其启示[J].教育探索,2014(07):149-150.

[12]仪爱松,王宝玺.中国高等教育质量评估主体研究——兼论荷兰质量保障主体发展对我国的启示[J].广西社会科学,2013(09):181-184.

[13]王亚荣.基于战略导向的高校教师绩效评估体系的研究[J].时代经贸(中旬刊),2008,总第111期:77-78.

[15]]田平.建立中介机构:协调政府与大学的关系[J].高等教育研究,1996(05):32-36,102.

[16]张曦琳.管办评分离背景下高等教育第三方评估体系的建设研究[D].济南:山东师范大学,2018.

[17]秦媛.高等教育第三方评估问题研究[D].济南:山东师范大学,2018.

[18]杨晓江.教育评估中介机构研究[D].上海:华东师范大学,1999.

[19] Nazarko J, Šaparauskas J. Application of DEA method in efficiency evaluation of public higher education institutions[J]. Technological and Economic Development of Economy,2014,20(01):25-44.

后　记

　　从事高等教育评估研究与组织实施工作十二载，在此期间，我经常以不同身份角色，承担教育部司局委托的高等教育评估咨政研究与实践，也承担地方教育行政部门和高校委托的高等教育评估研究与实践。这些研究与实践覆盖了本书研究所探讨的政府类、学校类、社会类高等教育评估项目。多年来，我先后组织或参与了我国中东西部地区40余所本科院校、50余所高职院校的院校评估、学科评估、专业评估与认证、课程评估与认证、实训基地评估、适应社会需求能力评估、就业质量评估、研究基地评估、政策督导评估等，同政府部门政策制定者、高校各层面管理者、专家学者、行业企业人员、体制内外评估机构或研究机构等共同工作，结下了深厚友谊，也围绕高等教育评估事宜同他们进行了无数次思想碰撞和经验交流，深刻体会到不同个体或群体在高等教育评估目的、理念与思维方式、实施模式等方面的差异。这种宝贵的经历和经验是我探索高等教育全方位协同评估机制的思想源头，也为本书提供了丰富思想和研究素材。

　　在工作中，我深刻洞察到政府类、学校类、社会类主体群体在评估意图、评估视角、评估思维、评估模式等方面的差异性与同一性。不同类型主体在评估项目策划、组织实施与结果运用等方面各有执着与自信，时常有彼此割裂、各自为政、随波逐流的状态显现。不同类型主体群体开展的同类评估项目或同类主体群体开展的不同评估项目间，似有联系而又难真正联系，似可整合而又难真正整合，似可取代而又难真正取代，这种边界的交错性和秩序的千头万绪，也给高校基层增加了不少负担，也影响评估带给高等教育或高校发展的整体效应。我经常在思想上自我考问，政府类、学校类、社会类主体群体在评估中究竟应当如何做，才能让各类评估达成相互配合、彼此相依、功能互补的系统效果，从而以最少评估资源获得最大评估成效，本书融入了我对这些问题的日常思考。

　　感谢厦门大学史秋衡教授对本人研究的多方指导。史秋衡教授是位德高望重、治学严谨、在高等教育评估理论与实践方面造诣高深的知名学者，对我的研究提供了重要思想启迪、思路和方法指导,使我在研究过程中受益匪浅。感谢厦门大学教育研究院的诸多资深学者,对本书提供了诸多建设性意见。

最后,感谢重庆文化艺术职业学院的胡若雪,南方科技大学的刘绪博士后,重庆市教育评估院的刘序、谭画,重庆科技学院的耿富云等,为本书提供了重要启迪;感谢本书参考文献的作者,为本书提供了丰富的思想启发。